MW01676891

Le mystère
de la brume argentée

Illustrations originales

d'Anne Steinlein

Pour nous écrire :

ÉDITIONS ZULMA
122, boulevard Haussmann
75008 Paris

www.zulma.fr

Loi n° 49-956 du 16 juillet 1949 sur les publications destinées à la jeunesse.

L'édition originale est parue en 2005 sous le titre *Silver Mist* chez Hodder Children's Books.

ISBN : 978-2-84304-423-6
N° d'édition : 423
Dépôt légal : octobre 2007
Diffusion : Seuil – Distribution Volumen
zulma@zulma.fr

Le mystère de la brume argentée

de Jenny Oldfield

Adaptation française
de Laura Caccini

Cahier poney
conçu par Natalie Pilley-Mirande

ZULMA ✻ JEUNESSE

Du même auteur

Mon Poney Magique

Poudre d'étoile ou le Secret de la Pointe noire
Le Mystère de la brume argentée
Œil de velours ou le Voyage au pays des lacs
Perdus dans la tempête de neige
Je reviendrai au lever du soleil
Le Sentier des falaises

Le Ranch de la Pleine Lune

Black Mustang
Rodéo Rocky
Calamity Joe
Lord Winnipeg
Lady Blue
Sacré Lucky
Indiana Boy
Princesse Luna
Little Ebony
Petite Orchidée
Bello Nino
Perle d'Or
Prince Galaad
Étoile d'Arabie
Bebop Mustang
Lady Cristal

Mélany et les Mustangs sauvages

El Dorado
Santa Ana
Chiquitita *(à paraître)*

Mon Poney Magique

Lola a une passion dans la vie : les poneys. Dès qu'elle le peut, elle enfourche son vélo et fonce au club de Hartfell. Johanna, la directrice du club, a toujours besoin d'un coup de main, pour brosser Misty, nettoyer le box de Comanche ou de Shandy… avant que tout ce petit monde parte pour une merveilleuse randonnée au galop sur la plage !

Mais Lola a un secret : elle a été choisie pour seconder Poudre d'étoile dans ses missions. Poudre d'étoile ? C'est un poney magique ! Il a surgi un beau jour dans la vie de Lola, comme par enchantement. Il est sublime, il parle, et il vole, pour venir en aide à tous ceux qui en ont besoin…

et en fin de volume
un cahier poney

1

– Rafale est vraiment chouette ! s'exclama Caroline.

Lola était dans la carrière avec le poney alezan. Elle le faisait trotter en cercle au bout d'une longe.

Rafale tenait la tête haute. Il débordait de vitalité et montrait du plaisir à travailler, allant du trot au galop, revenant au trot.

– Tous les poneys sont chouettes ! répliqua Lola.

– Et quand est-ce que je pourrai le monter ? demanda Caroline.

Nouvelle au club, elle ne pratiquait l'équitation que depuis quelques mois.

Lola fit ralentir le poney, le mit au pas et l'arrêta devant Caroline.

– Quand il sera bien éduqué, répondit-elle. Il ne faudrait pas qu'il embarque son cavalier à la première occasion.

« Une fois, ça suffit ! » pensa-t-elle.

Quelques semaines auparavant, Nathan s'était enfui sur Rafale. Ils s'étaient perdus et avaient bien failli se tuer tous les deux sur les rochers de la Pointe Noire. Grâce au poney magique de Lola, ils étaient parvenus à échapper aux vagues menaçantes.

Le souvenir de Poudre d'étoile vint distraire Lola. Il était si beau, avec sa crinière argentée et sa robe étincelante. C'était un être merveilleux, il avait de grandes ailes et apparaissait toujours dans une brume argentée pour secourir les gens en danger.

– C'est bien, Rafale..., murmura Lola en lui tapotant son encolure qui était tout en sueur : Allez, viens ! reprit-elle en souriant. Tu vas avoir droit à un bon pansage. Et peut-être même à une carotte, ajouta-t-elle alors qu'il enfouissait déjà le nez dans sa main à la recherche d'une douceur.

Caroline ouvrit la barrière de la carrière pour laisser sortir Lola et Rafale.

– Dans combien de temps je pourrai le monter ? demanda-t-elle de nouveau.

– Tu n'as qu'à demander à Johanna ! répliqua Lola.

Caroline ne se le fit pas dire deux fois. Elle se

précipita vers Johanna, la propriétaire du club de Hartfell. De son côté, Lola ramena Rafale dans la cour et l'attacha devant son box.

Tout en lui parlant, elle lui brossait la crinière et la queue :

– T'inquiète pas, lui dit-elle. Johanna attendra que Caroline ait fait des progrès avant de l'autoriser à te monter.

Les oreilles dressées, Rafale secoua la tête pour montrer qu'il avait compris.

– Si tu ne me crois pas, tu n'as qu'à demander à Shandy. N'est-ce pas qu'elle est géniale, Johanna ?

Comme Shandy sortait la tête de son box, Lola lui donna une caresse au passage. La ponette bai brun se pencha en avant et vint renifler le bout du nez de Rafale. Depuis que Rafale était arrivé au club, au début de l'été, les deux poneys s'étaient liés d'amitié.

– Tu as fait du bon travail, Lola ! s'exclama Johanna en arrivant à grands pas. Est-ce que tu veux bien préparer Shandy, Comanche et Misty pour une promenade ? Laisse donc Rafale dans son box. Tu lui donneras un peu de foin dans un filet, et après le déjeuner tu le mettras dans le pré du haut.

Le samedi matin, au club, il y avait de quoi faire.

Les voitures allaient et venaient, pour déposer ou reprendre les enfants ; Lola et Johanna préparaient les poneys. Heureusement, Bob, un ami de Johanna, était venu en renfort.

Bob habitait à Whitton, mais il avait passé beaucoup de temps chez un entraîneur en Irlande. Il n'était pas très grand, plutôt sec et nerveux, il avait les yeux gris et des cheveux blonds bouclés.

À dix heures, les huit randonneurs étaient prêts à partir. Ils quittèrent la cour et s'engagèrent d'un bon pas sur la piste. Nathan montait Misty, Caroline montait Shandy, et Lola, Comanche.

– Johanna a dit que je ne pourrai pas monter Rafale avant l'année prochaine, annonça Caroline à Lola d'un air sombre.

Elle avait une bombe toute neuve et des jodhpurs beiges qui lui allaient bien. C'était une jolie fille au visage souriant et aux grands yeux bleus.

– Et si tu profitais de la balade au lieu de ronchonner ?! répliqua Lola.

Comment ne pas en profiter ? La lande était recouverte d'ajoncs jaunes vifs, le soleil brillait, et l'horizon était dégagé sur des kilomètres.

Ils traversèrent la lande de Hartfell et suivirent un

chemin qui descendait jusqu'à la vallée suivante, en direction de la plage de Whitton. Bien droite en selle sur Comanche, rênes longues, Lola écoutait des bribes de conversation autour d'elle :

« Moi, je voudrais une nouvelle paire de bottes, mais mon père trouve que c'est trop cher... Ma chatte vient d'avoir quatre chatons... Trop mignons !... C'est bizarre, ma mère a lu un truc comme ça dans le journal. »

– Eh, Lola, tu as entendu ? demanda Nathan.

Il retint Misty le temps que Lola le rejoigne.

– Quoi donc ?

– Il y a trois chevaux qui ont disparu, du côté de Whitton, tu étais au courant ?

– Non. Quand ça ?

– Il y a deux semaines. Les propriétaires étaient en vacances, c'est les voisins qui s'occupaient des chevaux. Ils étaient au pré. La police pense qu'on les a volés.

– Les pauvres ! s'exclama Lola.

Sourcils froncés, elle essayait de se représenter la scène : les chevaux effrayés, rassemblés dans le pré, puis mis de force dans un van et emmenés au loin par des inconnus.

Elle revint à la réalité quand elle fut dépassée par Bob, qui montait Scottie. Elle décida de se maintenir à leur hauteur. La pente s'inclinait, et ils se retrouvèrent soudain sur l'immense plage de Whitton. En entendant le bruit des vagues, Comanche baissa les oreilles.

– Au galop ! lança Bob au groupe de cavaliers.

Lola se mit en arrière dans la selle et serra les jambes autour des flancs du poney pie. Comanche poussa un hennissement et remua la queue. Un quart de seconde après, ils galopaient sur la plage, en direction de la mer.

2

Quelques heures plus tard, Lola rentrait chez elle à vélo.

Quelle magnifique journée elle avait passée ! D'abord, avec Rafale, dans la carrière, puis une belle randonnée sur la plage, et enfin retour au club où elle avait fait mille choses encore. Elle avait les bras et les épaules courbatus à force de nettoyer les boxes, son T-shirt bleu clair était tout sale, ses cheveux bruns bouclés décoiffés par le vent. Tout en pédalant sur le sentier des falaises en direction de l'endroit magique, elle repensait au galop dans les vagues.

Comanche avait été extraordinaire.

C'était un solide petit poney qui ne manquait pas de tempérament. Il avait une lueur un peu effrontée dans le regard, de la bonne humeur à revendre, et il adorait la plage. Il s'était jeté dans les vagues en provoquant de grandes gerbes d'écume blanche. La crinière au vent, le cou tendu en avant, la queue flottant en arrière, il y allait des quatre sabots.

« C'était super ! » se remémora Lola, un sourire aux lèvres. Elle s'arrêta au sommet de la colline. « Je suis sur le toit du monde ! Je suis la fille la plus heureuse de la terre ! »

Une petite brise rafraîchissante lui caressait les cheveux et le visage. C'était un vent d'ouest, venu avec le soleil couchant, qu'accompagnait un mystérieux battement d'ailes.

Lola retint son souffle. Peut-être... peut-être bien que Poudre d'étoile lui apparaîtrait aujourd'hui...

La brise souffla plus fort.

« S'il te plaît ! » supplia Lola. Elle scruta le ciel pour y chercher les signes annonciateurs de son poney magique : une brume argentée s'étirant devant le soleil couchant, des battements d'ailes de plus en plus intenses, laissant place à une magnifique créature d'un blanc immaculé.

– Je suis là ! fit une voix.

– Où ça ?

Lola fit volte-face. Elle examina la mer, la colline alentour. C'était pourtant bien sa voix, douce et sage, la voix de son cher Poudre d'étoile.

– Tout autour de toi ! J'attends, j'observe !

– Est-ce que tu as besoin de moi ? demanda-t-elle en tournant la tête dans tous les sens jusqu'à en avoir le vertige.

– Pas encore ! répondit le poney magique.

– Est-ce que je pourrais te voir, s'il te plaît !

Rien qu'apercevoir quelques secondes sa tête fière et sa belle crinière soyeuse !

– Bientôt, promit-il.

Puis la brise se dissipa, on n'entendit plus le battement des ailes. Lola comprit que Poudre d'étoile s'était envolé.

– Est-ce que tu as passé une bonne journée, Lola ? lui demanda sa mère.

– Je meurs de faim ! répondit-elle.

Son père avait installé un barbecue dans la cour de la Ferme du Haut. On sentait déjà la bonne odeur des grillades.

– N'oublie pas de te laver les mains, lui dit sa mère.

Lola posa son vélo dans un coin. Elle se précipita dans la cuisine, ouvrit le robinet et se passa rapidement les mains sous l'eau.

– Un peu mieux que ça ! insista sa mère.

Tout en ronchonnant, Lola se savonna les mains. Dix secondes plus tard, elle était à nouveau dehors.

– Bonne journée ? demanda son père, en retournant les steaks sur le grill pour parfaire la cuisson.

– Super ! On a même galopé sur la plage !

« Et j'ai bien failli voir mon poney magique ! » pensa-t-elle, mais elle ne le dit pas, car Poudre d'étoile, c'était son secret à elle.

Bientôt, elle mordait à pleines dents dans un délicieux hamburger, et une fois la bouche pleine, il n'était plus question de bavarder.

Plus tard, alors que ses parents et leurs amis, arrivés entre-temps, bavardaient autour du barbecue, Lola se faufila de l'autre côté de la maison, jusqu'au petit jardin en pente d'où l'on voyait la mer.

– Regarde ce que je t'ai apporté, Spike, murmura-t-elle à son hérisson apprivoisé.

Elle posa par terre une assiette avec du pain trempé dans du lait. Puis elle s'assit dans l'herbe et attendit. Spike ne mit pas longtemps à émerger d'un buisson d'aubépine. Il se précipita sur l'assiette en trottinant et se mit à manger bruyamment.

– Tu sais quoi, chuchota Lola, j'ai bien failli voir Poudre d'étoile aujourd'hui.

Chomp-chomp-gloups, fit Spike, occupé à dévorer son festin.

– Je l'ai entendu, lui confia-t-elle. Donc, c'est sûr qu'il est encore par ici.

Snort-slurp.

– Ça fait des siècles qu'on a sauvé Rafale et Nathan à la Pointe Noire, soupira-t-elle. Je voudrais à nouveau monter sur le dos de Poudre d'étoile et m'envoler avec lui, descendre en piqué sur la mer puis grimper en flèche par-dessus les collines et contempler du ciel notre maison minuscule.

Spike s'interrompit un instant, il pencha la tête sur le côté comme s'il comprenait.

« Je t'écoute », semblait-il dire.

– Tu sais, il apparaît seulement quand quelqu'un est en danger, poursuivit Lola, volubile. Il y a d'abord un nuage de brume argentée, puis on entend battre des ailes de géant, et enfin une silhouette se dessine dans la brume. C'est incroyable ! C'est magique ! C'est Poudre d'étoile ! Il apparaît dans un brouillard d'argent, il m'explique qu'il y a quelqu'un à sauver, puis m'emmène à tire-d'aile ! Et je l'aide, comme on a fait pour Nathan...

– Lola, à qui est-ce que tu parles ? interrompit la voix de son père.

Elle sursauta. Depuis quand son père était-il là ? Avait-il entendu ce qu'elle disait ?

– Hmm... C'est rien que Spike et moi.

Le père de Lola eut l'air interloqué :

– J'aurais pourtant juré que tu tenais une vraie conversation...

– Oui, je parlais à Spike, insista-t-elle. Je lui racontais ma journée.

Son père éclata de rire :

– Cette Lola ! Toujours en train de parler aux animaux !

Avec un grand sourire, elle sauta à pieds joints et se pendit au bras de son père.

– Spike comprend parfaitement ce que je lui dis !

– Allez, viens donc prendre un autre hamburger ! lui dit-il en souriant. Il en reste plein.

– Génial !

Soulagée, certaine que son père n'avait rien entendu de son secret, elle se mit à penser au lendemain : encore une belle journée au club en perspective.

3

Ce dimanche matin, Lola arriva tôt au club de Hartfell...

Johanna s'apprêtait à faire monter Apollo dans le van. Lola lui mit une bande de protection bien serrée autour de la queue tandis que Johanna lui protégeait les jambes pour le voyage.

Le grand cheval gris se tenait sagement dans son box, heureux d'être au centre de l'attention.

– C'est une occasion en or pour Apollo, expliqua Johanna.

– Combien de temps allez-vous partir ?

– Cinq jours en tout. Aujourd'hui, on fait la route jusqu'au Yorkshire. Le concours commence demain et dure trois jours. On rentre jeudi.

– Tu vas me manquer, Apollo ! soupira Lola. Mais je suis sûre que tu vas te débrouiller comme un chef !

Elle lui glissa sur le dos une couverture de voyage dont elle attacha la sangle sous son ventre.

– Le cross, c'est là qu'il est le meilleur, dit Johanna. On dirait qu'il s'envole au-dessus des obstacles.

– J'aimerais bien être là pour vous voir !

– Peut-être que tu pourras venir avec nous l'été prochain, suggéra Johanna.

Elle sortit Apollo et se dirigea avec lui vers le van. Bob, qui l'attendait, abaissa le pont et se tint sur le côté.

– C'est pour monter dans le van que c'est le plus dur, prévint Johanna.

Les oreilles aplaties, les naseaux dilatés, le pur-sang releva violemment la tête.

Pour essayer de le faire avancer, Lola se glissa devant lui avec un seau rempli de nourriture.

– Apollo…, murmura-t-elle. Sois un bon garçon !

Peu à peu, Johanna parvint à le faire monter sur le pont. Au début, il était terrorisé par le bruit de ses propres sabots sur les planches, mais il avançait tout de même, pas à pas.

Lola lui présentait toujours le seau tentateur :

– Allez, viens !

Enfin, il surmonta sa peur et entra dans le van.

Bob remonta le pont derrière lui et ferma la porte. Lola accrocha son licol à une attache dans le van, puis elle sortit par la petite porte sur le côté.

– Voilà une bonne chose de faite, dit Johanna.

Elle vérifia que toutes les portières étaient bien fermées avant de s'installer au volant.

– Bonne chance ! lui dit Lola.

– Et surtout, ne t'inquiète pas, ajouta Bob, à qui Johanna avait confié le club en son absence. Si j'ai besoin de quelque chose, je demanderai à Lola.

Cette dernière sourit. C'est agréable de se sentir important.

– Ça y est, on est partis ! fit Johanna.

Elle mit le moteur en marche et avança doucement jusqu'à la barrière.

– Bonne chance ! lancèrent à nouveau Bob et Lola.

Après un dernier signe, Johanna et Apollo disparurent.

Plus tard dans l'après-midi, quand Bob eut ramené sains et saufs poneys et cavaliers de leur randonnée, Lola décida de faire à nouveau travailler Rafale.

– Est-ce que je peux le tenir en longe ? supplia

Caroline.

Lola soupira. Caroline était toujours sur ses talons, et il n'était pas facile de se débarrasser d'elle. D'autant qu'elle était folle de Rafale. Lola céda :

– D'accord, tu vas m'aider. Je tiendrai la longe et toi la chambrière. Mais attention, tu la fais claquer en l'air. C'est uniquement le son qui fait trotter le poney. Ne le touche surtout pas, en aucun cas !

Caroline comprit vite ce qu'elle devait faire. Elle

était aux anges. Lola et elle faisaient trotter, puis galoper le poney alezan.

– Excusez-moi ! interrompit soudain une voix de femme. Je cherche la propriétaire du club.

Lola raccourcit la longe et se retourna :

– Elle s'est absentée pour quelques jours.

La femme prit un air ennuyé.

Elle était habillée d'un tailleur bleu clair assez chic. Ses longs cheveux blonds flottaient sur ses épaules.

– Qui s'occupe du club en son absence ? demanda-t-elle d'une voix forte.

Bob, qui avait aperçu la visiteuse depuis la sellerie, arriva à grands pas.

– C'est moi ! répondit-il en parvenant au niveau du manège. Que puis-je faire pour vous ?

La femme blonde tourna aussitôt le dos à Lola.

– Je voudrais prendre des leçons d'équitation.

– C'est ici que ça se passe ! répondit Bob avec un sourire. Mais, comme Lola vient de vous le dire, la propriétaire s'est absentée. Le mieux serait que vous reveniez la semaine prochaine.

– Combien de chevaux avez-vous ?

Sans attendre la réponse, la femme fonça droit sur la rangée de boxes, examinant chacun avec intérêt.

– Il y en a douze, en comptant les poneys et les chevaux.

– Et combien y en a-t-il pour les mômes ?

« Quelle malpolie, celle-là ! » bougonna Lola.

– Il y a huit poneys qui font moins d'un mètre trente au garrot, deux Welsh Cob, un cheval de chasse nommé Major, et un ancien cheval de course appelé Scottie.

Avec fierté, Bob lui montra le hongre alezan avec une liste blanche en tête.

– Et puis, bien sûr, il y a le pur-sang de Johanna, mais il est parti avec elle.

La femme avait l'air de s'intéresser beaucoup à Scottie.

– Vous dites que c'est un ancien cheval de course. Alors, il a des papiers ? demanda-t-elle.

« Elle n'a vraiment pas l'allure de quelqu'un qui veut monter à cheval », souffla Lola à Caroline en lui désignant la jupe et les talons hauts de la visiteuse.

Elle avait décidément tout d'une fouine et parlait beaucoup trop fort.

Agacée, Lola s'apprêtait à se remettre au travail avec Rafale, quand soudain le vent se leva.

– Eh ! murmura-t-elle.

– Qu'est-ce qu'il y a ? demanda Caroline.

– Rien, répondit Lola en secouant la tête.

Mais elle resta immobile, à l'écoute d'une sorte de bruissement dans l'air, plus fort que le simple frémissement de la brise dans l'herbe du pré en face du manège, comme le bruit d'un battement d'ailes.

« C'est lui ! » pensa Lola. Elle examina le ciel, cherchant la brume argentée qui annonçait l'arrivée de son poney magique.

Il y avait des nuages blancs très haut dans le ciel, mais ils ne brillaient pas, ne scintillaient pas, et Poudre d'étoile resta invisible.

– Allez, Lola… insista Caroline.

« Il y a un truc qui cloche ! » se dit Lola. Le vent qui se lève, le bruit des ailes, elle en était certaine, tout cela signifiait que Poudre d'étoile n'était pas loin.

– Je reviendrai ! conclut la femme quand elle eut fini de poser des questions à Bob.

Elle remonta dans sa voiture, claqua la portière et démarra.

– C'est bizarre…, grommela Lola.

Alors que cette désagréable visiteuse s'éloignait sur le chemin, le vent retomba. Lola n'entendit plus le battement d'ailes au-dessus de sa tête.

– Lola ! On continue de travailler avec Rafale, ou pas ? demanda Caroline.

Tout en fronçant les sourcils, Lola s'efforça d'oublier cette visite ainsi que l'avertissement qu'elle avait cru recevoir de son poney magique. « C'est peut-être moi qui ai tout imaginé », se dit-elle. « Tout va bien. C'est juste que cette femme était très antipathique. »

– Au trot, Rafale, dit-elle en donnant du mou à la longe.

À côté d'elle, Caroline faisait claquer la chambrière.

Le jeune poney partit au trot en soulevant bien les

pieds. Il fit le tour du manège.

L'incident était passé. « Retour à la normale », se dit Lola.

Caché par les nuages blancs sur la colline, Poudre d'étoile attendait sans rien perdre de la scène.

4

Vers trois heures, Johanna téléphona pour annoncer qu'Apollo et elle étaient bien arrivés.

– Comment s'est passé le voyage, pour Apollo ? demanda Lola dès que Bob eut raccroché. Est-ce qu'il s'est bien tenu ?

– Johanna dit qu'il s'est montré parfait. Pendant qu'elle me parlait, il avait le nez plongé dans son filet à foin.

Lola sourit tout en continuant de nettoyer les licols. Tous deux étaient en train de remettre de l'ordre dans la sellerie à la fin d'une bonne journée de travail. Bob vérifiait que toutes les selles étaient rangées à leur place et que tous les étriers étaient bien relevés par-dessus.

– J'espère qu'il va gagner, reprit Lola. Ce serait génial !

– Ne rêve pas trop, répondit Bob. Apollo a ses chances, mais il n'est peut-être pas le meilleur.

À cet instant, Caroline passa la tête par l'ouverture de la porte.

– Est-ce que je peux donner une carotte à Rafale ?

Bob sourit :

– Et quand est-ce que tu rentres chez toi ?

– Tout de suite. Mon père m'attend dans la voiture... Mais est-ce que je peux donner ça à Rafale avant de partir ?

– D'accord. Il est dans le pré du haut avec Scottie et Comanche. Pendant que tu y es, profites-en pour vérifier que le cadenas est bien mis à la barrière, s'il te plaît.

Caroline fit oui de la tête et disparut.

– Ça me fait penser... murmura Lola.

C'était l'heure à laquelle Johanna vérifiait que toutes les clés étaient bien accrochées à leur clou respectif à côté des brides. Oui, chacune était bien à sa place. La rouge, la jaune, la bleue, et la verte.

– Merci d'avoir vérifié, dit Bob. On dit que la foudre ne tombe jamais deux fois au même endroit, mais mieux vaut se méfier.

Lola le regarda avec surprise.

– C'est à moi qu'on avait confié la garde des trois chevaux, à Bay View.

– Tu parles des trois chevaux qui ont été volés ? demanda Lola, interdite.

– Oui, répondit Bob. Je n'ai rien vu venir. Je ne dormais pas là, mais j'y avais passé toute la journée pour m'assurer que tout était normal. Les voleurs ont agi la nuit même. La police pense qu'ils ont arraché la barrière en faisant une marche arrière. En tout cas, le lendemain, les trois chevaux avaient disparu.

Lola sentit un nœud se former dans son estomac :

– Et cette nuit, qui va monter la garde ? demanda-t-elle.

– Ne t'inquiète pas. On ne m'y reprendra pas. Jusqu'au retour de Johanna, je passe la nuit ici.

– Ouf ! soupira Lola en raccrochant le dernier licol. À demain, alors !

– Les poneys, les poneys, toujours les poneys... Est-ce que tu penses à autre chose, des fois ? s'exclama la mère de Lola au petit déjeuner le lendemain matin.

– Des fois..., répondit Lola.

Depuis le début des grandes vacances, deux semaines auparavant, Lola avait passé toutes ses journées au club de Hartfell. Et aujourd'hui, son programme n'avait pas varié.

– Veux-tu que je te dépose ? lui demanda son père. C'est sur mon chemin.

Lola acquiesça. Elle avala un dernier toast et le suivit dans la cour.

– Pense à aller la chercher en rentrant ! dit sa mère à son père en leur faisant au revoir de la main.

Tout le long du chemin, Lola admira le paysage. Elle aimait contempler les mouettes dans le ciel. Au loin, la mer étincelait. Tout près, les fuchsias déployaient leurs jolies clochettes rouge vif dans les haies. En approchant du club, Lola reconnut les poneys qui passaient la tête par-dessus les clôtures. Elle salua chacun par son nom : « Shandy… Rafale… Misty… Comanche… »

– Ouf ! fit-elle en descendant de voiture à la barrière. Ils sont tous là !

– Exact, répliqua Bob qui était dans la cour.

Sans discuter davantage, Lola se mit au travail. D'abord, il fallut aider Bob à nettoyer les boxes et vider la paille sale avec une brouette, puis s'occuper des poneys. La matinée passa sans que Lola s'en aperçoive.

Après le déjeuner, elle fit un bon pansage à Scottie et passa la cour au jet d'eau. Ensuite, elle alla chercher de la paille fraîche dans la grange. Elle grimpa tout en haut de la pile pour attraper une balle à sa convenance.

– Attention ! cria-t-elle à Caroline, arrivée un peu en avance pour sa leçon avec Bob à quatre heures.

La balle de paille dégringola de la pile et tomba juste devant Caroline. À elles deux, elles la hissèrent sur une brouette qu'elles poussèrent à proximité des boxes.

– Johanna vient juste de téléphoner, leur dit Bob en sortant de la sellerie. Apollo s'est classé troisième à l'épreuve de dressage.

– Génial !

Lola n'en espérait pas tant. Et demain, c'était le cross, son point fort.

Pendant que Lola continuait d'étaler de la paille fraîche dans le box de Shandy, Caroline et Bob rejoignirent le manège.

« Troisième ! » répéta Lola pour elle-même. Elle se sentait fière du magnifique cheval de Johanna. « Et peut-être que demain, il va remporter la deuxième place, ou même la première ! »

La paille crissait sous les pieds et dégageait une bonne odeur un peu sucrée. Son T-shirt et ses jodhpurs étaient couverts de brins de paille. Elle s'épousseta en émergeant au soleil.

– C'est bien, Caroline ! s'écria Bob. Passe au trot enlevé, maintenant. Ne tire pas sur la bouche de Shandy, tiens tes rênes plus longues. Oui, c'est mieux comme ça !

Tout en observant la leçon, Lola continuait d'enlever les brins de paille de ses cheveux. Caroline faisait vraiment des progrès. Si seulement elle pouvait être moins crispée sur ses rênes !

Mais dans tous les cas, elle se défendait plutôt bien, comme là, à trotter gentiment, le dos bien droit, le regard posé loin devant elle.

– Attention, tu tires trop fort, une fois de plus ! répéta Bob au centre du manège.

Shandy secoua sa tête noire. Agacée par la pression du mors sur sa bouche, elle fit une brusque ruade. Caroline fut projetée en avant. Elle lâcha les rênes et se raccrocha au pommeau de la selle.

– Pas de panique ! s'écria Bob.

« Aïe, aïe, aïe…, murmura Lola. Elle a perdu l'équilibre, elle va tomber… Ça y est, c'est la chute ! »

Boum ! Caroline tomba d'une seule masse.

Bob se précipita vers elle en courant. De son côté, Lola enjamba d'un bond la barrière et essaya d'attraper Shandy.

Elle coinça le poney dans un angle, saisit les rênes, puis sortit de la carrière et ramena Shandy à son box.

Chose faite, elle revint en courant prendre des nouvelles de Caroline.

Encore allongée sur le dos, celle-ci commençait tout juste à essayer de se relever. Elle poussa un gémissement, retomba en arrière.

– Prends ton temps, dit Bob. Est-ce que tu as mal quelque part ?

– Au bras, pleurnicha Caroline.

– Bon, laisse-moi voir ça. Est-ce que tu peux bouger les doigts ? Lever le bras ?

– Aïe !

Avec l'aide de Bob, Caroline parvint à se remettre debout.

– J'ai l'impression que tu n'as rien de cassé, mais je vais t'emmener à l'hôpital de Whitton, pour être sûr.

Caroline renifla et s'efforça de ne plus pleurer. Elle était pâle. Quand elle passa avec Bob devant Lola, elle tremblait comme une feuille.

– Et Shandy, ça va ? réussit-elle à articuler.

– Ça va. Ne t'en fais pas pour elle.

– Lola, est-ce que je peux te laisser toute seule ? demanda Bob. Tu mettras Shandy au pré avec les autres, et tu fermeras bien tout à clé pour la nuit, d'accord ?

Lola acquiesça. Elle tint la portière ouverte le temps que Caroline s'installe à son aise dans la voiture.

– J'espère que ça va aller, Caroline.

– Elle va se remettre, assura Bob. J'appellerai ses parents. Ils nous rejoindront sûrement à l'hôpital. Je serai de retour dans une heure.

– Pas de problème ! fit Lola.

En les regardant s'éloigner le long du chemin, Lola était un peu inquiète.

Heureusement, elle avait encore plein de choses à faire.

Tout d'abord, elle mena Shandy au pré du haut rejoindre Rafale et Scottie. En revenant, elle inspecta les deux autres prés pour s'assurer que les neuf poneys et chevaux allaient bien. Ils broutaient tranquillement.

Tout semblait paisible dans la lumière du soleil couchant. Rassurée, Lola vérifia que les verrous étaient bien fermés à l'entrée de chaque pré. Puis elle retourna à la sellerie contrôler que toutes les clés étaient accrochées à leur place : la clé rouge pour la sellerie, la bleue pour le grand pré, la jaune pour le pré d'à côté... Mais la clé verte du pré du haut avait disparu !

Hmmm... Lola regarda sur le banc, juste en dessous des clous, puis par terre. La clé était tombée dans un coin. *Ouf !* En poussant un grand soupir de soulagement, Lola raccrocha la clé verte à son clou. Après un dernier coup d'œil aux rangées de selles, elle sortit en refermant la porte derrière elle.

Dehors, son père l'attendait. Il venait de garer sa voiture au bout du chemin.

– Coucou, ma chérie ! Tu as terminé ?

Lola le rejoignit en courant.

– Oui, mais Caroline est tombée. Bob l'a emmenée à l'hôpital. Peut-être qu'on devrait attendre son retour ?

Son père secoua la tête :

– Je suis désolé, Lola, mais j'ai promis à ta mère que nous serions de retour à six heures. Elle veut passer voir ta grand-mère, ce soir. Alors, mieux vaut partir tout de suite.

Indécise, Lola hésita un instant avant de monter en voiture. Les portes des boxes étaient toutes fermées, les brouettes étaient bien alignées le long du mur, et deux pigeons se lissaient les plumes sur le toit de la remise à foin.

– Allez, viens ! insista son père. Je suis sûr que Bob sera là d'un instant à l'autre.

Lola hocha la tête. Tout irait bien, il n'y avait pas à s'inquiéter.

Elle monta en voiture. Son père démarra et redescendit le chemin doucement.

– Apollo s'est classé troisième à l'épreuve de dressage, lui dit-elle. Et je crois qu'il est capable de gagner le cross. Ce serait génial, n'est-ce pas ?

En pensant au lendemain, Lola se mit à rêver aux nouvelles cocardes en soie que Johanna allait bientôt pouvoir accrocher le long du mur de la sellerie.

5

Cette nuit-là, Lola fit un rêve merveilleux.

Dans son rêve, elle était avec Poudre d'étoile. Ils volaient dans un ciel étoilé à minuit. Les grandes ailes blanches de son poney magique battaient à un rythme régulier. Ils planaient à hauteur des étoiles. En tendant la main, Lola aurait pu toucher le disque d'or pâle de la Lune. Derrière eux s'étirait une traînée de fine brume argentée.

– Il y a beaucoup de malheur, dans ton monde, fit remarquer le sage poney en contemplant les courbes de la Terre, au loin. À Galishe, d'où je viens, tout le monde est heureux.

– Est-ce que tout le monde vole, comme toi ? demanda Lola.

– Seulement les poneys, lui dit-il alors qu'ils glissaient en silence au milieu des étoiles. Nous sommes

envoyés à travers les cieux pour aider les êtres en danger.

– Sont-ils tous aussi beaux que toi ?

– Oui, dit-il, tous.

Lola soupira. Elle se pencha en avant et appuya la tête contre l'encolure de son poney magique.

– Lola ? interrompit une voix au beau milieu de son rêve.

Elle se réveilla. Elle était en pyjama, debout à la fenêtre de sa chambre.

– Qu'est-ce que tu fais ? demanda sa mère. Je t'ai entendue te lever de ton lit. Il est une heure du matin !

Lola se secoua. La fenêtre ouverte laissait entrer une douce brise dans la pièce.

– Je rêvais, murmura-t-elle.

– Tu marchais en dormant, dit sa mère doucement. Elle la prit par la main et la ramena dans son lit : À quoi rêvais-tu ?

– Je volais.

Sa mère souleva la couette et la laissa se glisser bien au chaud dans son lit.

– C'était bien ?

– Mmmm...

– Veux-tu que je laisse les rideaux ouverts ?

Lola se blottit sous la couette. Elle voulait se rendormir et retrouver son rêve pour pouvoir s'envoler à nouveau dans le ciel.

– Mmmm...

– Lola ? appela de nouveau sa mère doucement.

Mais il n'y eut pas de réponse.

Tôt le lendemain matin, Lola alla trouver Spike.

– Tiens, c'est pour ton petit déjeuner ! lui dit-elle.

Elle s'était levée avant son père et sa mère et avait apporté à son petit chouchou piquant une ration de son plat préféré : de la pâtée pour chats.

Le petit hérisson plongea le museau dans l'assiette et mangea avec appétit.

À l'intérieur de la maison, le téléphone se mit à sonner. Lola se précipita pour répondre.

– Salut Lola, c'est Johanna ! Désolée de te déranger si tôt, mais je n'arrive pas à joindre Bob. Il ne répond pas au téléphone.

À cette nouvelle, Lola se sentit aussitôt inquiète.

– Tu as un message pour lui ? Si tu veux, je file tout de suite au club.

– Non, rien d'urgent. Je me demandais juste si tout allait bien à Hartfell. Mais tu pourras sûrement me donner des nouvelles aussi bien que lui.

– J'étais là-bas jusqu'à hier soir, lui dit Lola.

Après un moment d'hésitation, elle décida que ce n'était pas la peine d'inquiéter Johanna avec l'accident de Caroline. Surtout juste avant son épreuve de cross.

– Bob avait une course à faire, mais il n'en avait pas pour longtemps.

– Oui, je suis sûre que tout va bien, reprit Johanna. Apollo s'en sort plutôt bien, tu sais ?

– Bob m'a raconté, répondit Lola. Tu as le trac, pour l'épreuve d'aujourd'hui ?

– Non, mais je me fais du souci pour celle de demain et aussi pour le saut d'obstacles. Là, il aura vraiment la pression.

– Bonne chance ! Je penserai à vous, j'espère que vous allez gagner. Et fais un gros bisou à Apollo pour moi.

– Je crois qu'il préfère les carottes, si tu veux mon avis ! plaisanta Johanna. Mais ça me fait plaisir de savoir que tout va bien à la maison.

– À plus ! conclut Lola.

Mais en raccrochant le téléphone, elle sentit l'inquiétude monter. Elle appela ses parents, qui n'étaient pas encore levés :

– Je file au club ! lança-t-elle.

Son père pointa le nez à la porte de la salle de bains.

– Tu pars déjà ?

– Oui. Je prends mon vélo. À tout à l'heure.

Sans lui laisser le temps de protester, Lola fila en courant et se précipita sur son vélo.

« Pourquoi donc Bob ne répond-t-il pas au téléphone ? » s'interrogeait-elle en pédalant à toute allure le long du sentier des falaises. « Est-ce qu'il n'a plus de batterie ? Ou est-ce qu'il ne l'entend pas sonner parce qu'il l'a oublié dans la voiture ou ailleurs ? »

Elle atteignit l'endroit magique, tout en haut de la falaise, là où Poudre d'étoile lui était apparu la première fois. Elle était de plus en plus angoissée. Mais elle s'arrêta un instant pour souffler un peu. « Pourquoi est-ce que je n'ai pas attendu au club le retour de Bob ? » se reprochait-elle en contemplant la baie de Whitton. « J'aurais dû l'attendre, j'aurais vraiment dû. »

« Mais c'est trop tard, maintenant », conclut-elle. Il n'y avait plus qu'à foncer. Elle prenait le vent de plein fouet. Heureusement, il n'y avait plus qu'une vallée avant de rejoindre le chemin de Hartfell.

« Jusque-là, tout a l'air normal ! » Lola s'arrêta. Elle descendit de vélo et escalada la barrière pour examiner ce qui se passait dans le premier pré.

Elle aperçut Comanche et Misty, ainsi que les trois autres poneys. Tous broutaient paisiblement dans l'air frais du matin.

Un peu plus loin sur le chemin, elle atteignit l'autre pré. Là, il y avait les deux Welsh Cob, la jument Connemara, et Rusty, le poney Shetland. Le petit poney avait l'air content de la revoir et trotta jusqu'à elle sur ses jambes courtaudes.

Lola sourit. Elle lui donna une bonne caresse sur le bout du nez, puis repoussa son toupet de de devant ses yeux et recoiffa un peu sa crinière. « Je n'ai plus que le pré du haut à vérifier, maintenant », lui dit-elle, tandis qu'il la regardait partir, tête penchée au-dessus de la clôture.

Lola atteignit l'entrée du club. « Je croyais pourtant avoir fermé la barrière en partant », se dit-elle. Elle laissa son vélo contre le mur de la remise à foin. Puis elle chercha des yeux la vieille Jeep grise de Bob.

« Il n'est pas là ! » Est-ce que ça signifie qu'il n'est pas du tout rentré de Whitton ? Et que la maison est restée sans personne toute la nuit ?

Lola frissonna. Son cœur se mit à battre violemment. Elle se précipita en courant vers le pré du haut.

Et que trouva-t-elle ? La barrière était sortie de ses gonds. Devant elle s'étendait un vaste champ vert et vide !

– Oh, non ! s'écria Lola en s'élançant dans le pré.

C'était là qu'elle avait laissé Rafale, Shandy et Scottie, après avoir mis le verrou à la barrière, persuadée qu'ils seraient en sécurité pour la nuit.

Elle courut en trébuchant jusqu'en haut de la colline. Elle regarda de tous côtés. Il n'y avait pas le moindre poney. « Ils ont disparu ! »

– On les a volés..., murmura Lola, incrédule.

6

Lola sentit ses jambes se dérober. Elle s'assit par terre. « C'est de ma faute ! se dit-elle. J'aurais dû attendre le retour de Bob. »

Tout se bousculait dans sa tête. Peut-être que les chevaux n'avaient pas été volés. Peut-être qu'ils s'étaient sauvés tous seuls, en démolissant la barrière.

Désemparée, Lola se releva d'un bond, décidée à tout explorer. Elle revint sur ses pas jusqu'à l'entrée du club, puis tout le long du chemin, elle examina les collines de bruyère et d'ajoncs, jusqu'à ce que son regard se perde à l'horizon, derrière Hartfell.

Mais il n'y avait personne. « J'aurais dû attendre Bob ! » ne cessait-elle de se répéter.

Au bord des larmes, Lola retourna à la sellerie. Elle se laissa tomber lourdement sur le banc à côté de l'alignement des selles. Elle entendit à peine qu'une voiture se garait dans la cour, ni le bruit d'une portière claquée, mais soudain Bob se trouva près d'elle.

– Eh, qu'est-ce qui ne va pas ? demanda-t-il.

Elle se releva, se tint bien droite et respira un bon coup :

– C'est les chevaux, dans le pré du haut, parvint-elle à articuler.

Puis elle s'effondra, incapable d'en dire davantage.

– Ce n'est vraiment pas de ta faute ! répéta Bob.

Il s'était installé à côté de Lola pour écouter toute l'histoire.

Il avait un air grave, pourtant il essayait de la consoler :

– S'il y a un responsable, c'est moi, poursuivit-il. Je ne suis pas rentré hier soir comme j'avais dit.

– Que s'est-il passé ? demanda Lola en séchant ses larmes.

– J'ai emmené Caroline à l'hôpital. On lui a fait une radio du bras. Elle avait une belle contusion, mais rien de cassé. Ils ont tout de même préféré la garder pour la nuit, en cas de commotion.

– Elle va bien ?

Bob fit signe que oui.

– J'ai appelé ses parents et ils nous ont rejoints à l'hôpital. Je suis resté un moment avec eux pour leur expliquer comment ça s'était passé.

– Ils étaient fâchés ? demanda Lola.

– Pas trop. Mais en quittant Whitton pour revenir à Hartfell, je me suis rendu compte que je n'avais plus assez d'essence. Il était tard. Toutes les stations étaient fermées. Je n'avais plus qu'à passer la nuit chez moi. Ce matin, j'ai pu acheter de l'essence, et me voilà.

– Je savais bien que je n'aurais pas dû partir, hier soir, soupira Lola. J'ai eu un pressentiment.

– Et pourtant, ce n'est pas de ta faute.

Bob faisait les cent pas, de la sellerie à la cour, dans l'espoir de voir réapparaître les poneys disparus.

– On ferait mieux d'appeler Johanna pour lui raconter, murmura Bob.

– Mais si on lui téléphone, on va gâcher toutes ses chances pour l'épreuve d'aujourd'hui, protesta Lola. Avec tout ça, elle n'arrivera jamais à se concentrer.

– Hmm..., fit Bob en se croisant les bras. Je crois qu'on n'a pas le choix. À sa place, je préférerais savoir, pour Scottie et les autres. Une fois mise au courant, elle prendra une décision : rester dans le Yokshire jusqu'à la fin de la compétition, ou rentrer pour nous aider à les retrouver.

– Mais ils vont peut-être réapparaître d'une minute à l'autre, insista Lola, désolée à l'idée d'inquiéter Johanna. Pour Apollo, c'est une chance unique d'accéder au niveau national, et peut-être même de tenter les prochains jeux Olympiques !

Pensif, la tête basse, Bob fit quelques pas.

– D'accord, on attend l'heure du déjeuner ! décida-t-il enfin.

– D'accord ! fit Lola en poussant un grand soupir de soulagement. Et maintenant, qu'est-ce qu'on fait ? Est-ce que je retourne au pré du haut pour examiner les traces de sabots et voir si je trouve d'autres indices ?

– Bonne idée, mais surtout, ne touche à rien, dit Bob tout en fouillant ses poches à la recherche de son téléphone : Ah, c'est vrai... J'oubliais que je n'ai plus de batterie ! Pars devant, je te rejoins.

– Et toi ? demanda Lola, prise de panique. Qu'est-ce que tu vas faire ?

– Appeler la police, répondit-il en s'engouffrant dans la maison.

7

En regardant bien, Lola découvrit plein d'indices.

D'abord, il y avait ces grosses marques de pneus à l'entrée du pré. Elles indiquaient qu'un véhicule lourd s'était arrêté là, peut-être un camion pour transporter les chevaux, ou bien un 4 x 4 avec une remorque.

Lola examina soigneusement les marques de pneus, en faisant attention à ne pas les effacer en marchant dessus avec ses bottes. Soudain, elle remarqua dans l'herbe un bout de plastique jaune. En approchant, elle s'aperçut que c'était un morceau de plaque d'immatriculation.

« Je parie que ça vient du camion des voleurs ! » se dit-elle, bien décidée à montrer sa trouvaille à la police.

En poursuivant son enquête, elle découvrit bientôt un nouvel indice. « Là, que s'est-il donc passé ? » se demanda-t-elle en suivant les traces de pneus plus avant dans le pré. La terre était toute retournée, comme par des milliers de sabots ! Elle en comprit vite la raison : quand les voleurs avaient tenté de les faire monter dans le camion, les chevaux s'étaient débattus comme des fous. Il y avait des mottes de terre retournées et piétinées, de longues traces de dérapage ou de glissade, et des marques de sabots en tous sens.

Lola secoua la tête. Elle en était malade d'inquiétude. Mais quand elle découvrit son troisième indice, elle poussa un grand cri et repartit à toutes jambes en direction de la maison.

– Bob, il y a du sang sur la barrière ! s'écria-t-elle, désespérée.

– Calme-toi, dit Bob. La police va bientôt arriver. Elle sera là d'un moment à l'autre.

– Mais j'ai vu du sang ! insista Lola. L'un des chevaux a dû se blesser.

– Ou bien l'un des voleurs ! fit remarquer Bob. Allez, Lola ! Ne tire pas de conclusions si vite.

– C'était horrible..., soupira-t-elle, persuadée que le sang était celui de Scottie, Rafale ou Shandy. Les pauvres !

Elle pensait à Scottie, le beau pur-sang alezan, avec ses longues jambes fines si fragiles. À Rafale, jeune et bouillonnant, prêt à paniquer et à se faire mal à la moindre occasion. Et puis à Shandy, cette bonne vieille Shandy, si fiable et intelligente. Lola frissonna.

– J'ai annulé les leçons d'aujourd'hui, lui dit Bob, mais je n'ai pas réussi à joindre John, le maréchal-ferrant. Il doit venir ce matin à dix heures pour ferrer Misty.

– Je vais la chercher, dit Lola, heureuse de pouvoir se rendre utile en attendant.

Elle attrapa un licol avec lequel elle ramena la ponette dans la cour.

Bob l'accueillit avec une bonne nouvelle. Il venait d'avoir les parents de Caroline au téléphone. Elle était rentrée avec eux et elle allait bien.

– Au moins de ce côté-là, ça va, grommela Lola

tout en pansant Misty.

Elle lui cura ensuite les pieds en prévision de son nouveau ferrage.

– Tiens-toi tranquille, lui dit-elle gentiment en essayant de ne pas laisser paraître son angoisse.

Elle fut soulagée de voir la camionnette bleue du maréchal-ferrant arriver, suivie de près par une voiture de police avec deux hommes à l'intérieur.

– Que se passe-t-il ? demanda John après s'être garé près de l'arche de pierre où l'on ferrait habituellement les chevaux.

Les policiers descendirent de voiture en faisant claquer leurs portières. Ils rejoignirent Bob dans la sellerie.

– Trois de nos chevaux ont disparu, marmonna Lola.

Elle ne connaissait pas bien le maréchal-ferrant. Il était grand, il avait des cheveux noirs de jais, et habitait un village sur la côte juste après Whitton.

– Mauvaise nouvelle, ça ! fit John en haussant les épaules.

Il sortit son matériel, alluma le feu à son fourneau, et se mit au travail.

Au milieu du vacarme des coups de marteau sur le métal, Lola essaya d'entendre ce que disaient Bob et les deux policiers.

– Alors, il n'y avait personne ici hier soir pour s'occuper du club ? demanda l'un d'eux.

– Je viens de vous expliquer, répondit Bob. Il y a eu un accident, j'ai dû emmener une élève à l'hôpital.

– Mais vous n'êtes pas revenu de toute la nuit, poursuivit le second policier. Je suppose que vous avez un témoin pour confirmer votre histoire ?

– Oh, oh ! marmonna le maréchal-ferrant, de sorte

que seule Lola put l'entendre. Bob devrait faire gaffe à ce qu'il va dire !

– C'est pas drôle..., murmura Lola.

Le maréchal-ferrant plongea à cet instant un fer rougi à chaud dans le seau d'eau froide. Le métal grésilla en fumant.

Un instant, Lola n'entendit plus rien de ce qui se disait entre Bob et les deux policiers.

– Votre alibi n'est pas très convaincant, reprit le premier policier avec une note de menace dans la voix. Vous n'avez vraiment vu personne entre le moment où vous avez quitté l'hôpital vers sept heures du soir et celui où vous êtes arrivé chez vous, un peu avant neuf heures ?

– Je suis rentré directement chez moi, répéta Bob. Je vis seul.

– En abandonnant le club sans surveillance, alors que vous avez promis à madame...

– Madame Weston, Johanna Weston, compléta Bob.

– Alors que vous aviez promis à madame Weston

de veiller sur le club.

À nouveau, John secoua la tête :

– Ça va chauffer ! grommela-t-il.

Il attrapa un antérieur de Misty. Il le cala entre ses genoux puis se pencha en avant pour fixer le nouveau fer à son pied.

Lola se tenait près de la tête du poney, redoutant ce qui allait suivre.

– Au fait, il me semble bien que vous étiez impliqué, aussi, dans le vol des chevaux de Bay View, reprit le policier. Je me souviens de vous, maintenant.

Pris au dépourvu, Bob sourit tristement :

– Que voulez-vous dire par « impliqué » ? C'est moi qui m'occupais des chevaux, si c'est ce que vous voulez dire.

– Comme c'est étrange ! reprit sans un sourire le plus grand des deux policiers.

– Écoutez..., commença Bob.

Mais le premier policier l'interrompit :

– Je suppose que vous avez appelé la propriétaire ?

– Pas encore, non, répondit Bob en secouant la tête.

John haussa les épaules en pinçant les lèvres. Puis, au moyen d'une grande tenaille en métal, il attrapa un deuxième fer sur le fourneau. Il n'avait pas l'air de se rendre compte que la situation était grave.

– C'est de ma faute ! s'écria Lola. J'ai insisté pour que Johanna aie une chance de gagner l'épreuve de cross country.

Alors qu'elle tenait toujours Misty en longe, les mains de Lola se mirent à trembler violemment. Les policiers avaient l'air plus convaincus que jamais de la culpabilité de Bob.

– À votre place, je l'appellerais tout de suite, ajouta le premier policier. Pendant ce temps, on va examiner le lieu du crime.

Puis tous deux s'en allèrent vers le pré du haut.

John n'ayant plus besoin d'elle, Lola s'élança à leur suite. Elle les rattrapa à l'entrée du pré.

– Regardez ce que j'ai trouvé, s'écria-t-elle en leur montrant le morceau de plaque d'immatriculation dans l'herbe. Et là, aussi ! ajouta-t-elle en désignant d'une main tremblante les taches de sang sur la barrière.

– On dirait qu'il y a eu une sacrée bagarre, par ici, fit remarquer le plus grand des deux en ramassant le morceau de plastique jaune. Puis il se tourna vers Lola : Et toi…

– Je m'appelle Lola, lui dit-elle. C'est moi qui ai découvert la disparition des chevaux. Et c'est parfaitement vrai que Bob a dû emmener Caroline à l'hôpital, ajouta-t-elle aussitôt.

– Sacrée coïncidence, grommela l'autre policier. Ce monsieur était dans les parages lors des deux vols !

– Mais il ne ferait jamais de mal à un poney, répliqua Lola. Il a toujours vécu avec les chevaux. Johanna ne lui aurait jamais confié le club s'il n'était pas…

– S'il n'était pas… quoi ?

– Digne de confiance, répondit Lola d'une toute petite voix.

Soudain, le doute s'était emparé d'elle. Après tout, que savait-elle vraiment de Bob ?

À ce moment, elle entendit une voix lointaine portée par le vent. « J'observe et j'attends… Quand tu m'appelleras, je serai là ! »

Lola retint son souffle et regarda en l'air. Le ciel était bleu, il n'y avait pas la moindre brise. Avait-elle vraiment entendu Poudre d'étoile l'appeler ?

– Écoute bien, ma petite, reprit le plus grand policier. Pourquoi est-ce que tu ne rentres pas chez toi pendant qu'on éclaircit cette affaire ?

– Je préférerais rester, lui répondit Lola.

– Non, c'est peut-être dangereux. Veux-tu que nous appelions tes parents pour qu'ils viennent te chercher ?

« Je t'attends ! » dit à nouveau Poudre d'étoile.

« Où ça ? » se demanda-t-elle. « S'il te plaît, viens vite, j'ai besoin de toi ! »

– Alors, qu'est-ce que tu en dis ? répéta le policier.

– Quoi ? Oh, non merci. Je rentrerai à vélo, s'empressa-t-elle d'ajouter.

– Alors rentre directement chez toi, lui dit le policier. Tu es encore bouleversée par tout cela.

« Rendez-vous à l'endroit magique ! » souffla Poudre d'étoile dans la brise.

Oui. C'était bien une légère brise. Lola aurait juré qu'elle apercevait une brume argentée poussée par le vent marin.

Elle fila comme une flèche. Dans la cour, John avait fini de ferrer Misty et l'avait remise au pré.

– Bob est à l'intérieur, lui dit-il. Il téléphone à Johanna.

– Dites-lui que j'ai dû partir ! bafouilla Lola. Je reviendrai plus tard !

Elle sauta sur son vélo, et s'élança à toute allure sur le chemin.

John essaya bien de la rappeler, mais plus rien ne pouvait l'arrêter désormais. Il lui fallait regagner l'endroit magique, là où elle avait rencontré Poudre d'étoile pour la première fois, sur le sentier des falaises, au-dessus de la baie de Whitton.

8

– C'est moi ! s'écria Lola en rejetant la tête en arrière.

Le vent s'engouffrait dans ses mèches brunes.

C'était l'endroit magique, le point le plus élevé sur le sentier des falaises. En contrebas, les vagues s'écrasaient sur les rochers.

– Des voleurs ont enlevé Scottie, Rafale et Shandy. S'il te plaît, Poudre d'étoile, il faut que tu m'aides.

Poudre d'étoile l'avait appelée. Elle avait entendu sa voix dans la brise à Hartfell. Il devait l'attendre ici, à l'endroit magique.

Peu à peu, une brume se forma à l'horizon.

Elle parut tourbillonner sur la lande, flotter au-dessus des bouquets de bruyère, s'accrocher aux creux du terrain, entre les rochers. Une brume blanche, passant insensiblement à l'argenté, fila droit sur Lola.

– Merci ! souffla-t-elle en fermant les yeux.

Quand elle les rouvrit, Poudre d'étoile émergeait de la brume. Lola distinguait ses yeux noirs, sa magnifique crinière de soie, la courbe de son encolure et ses ailes déployées. Tout, autour de lui, scintillait de mille paillettes argentées.

– Je suis là, dit-il.

– Merci d'être venu, répondit-elle.

Poudre d'étoile secoua la tête et replia ses ailes, saupoudrant Lola d'une fine poussière d'argent.

– Je sens le danger ! dit-il.

– Il y avait du sang ! poursuivit Lola. Ils se sont débattus. Il y a eu un blessé.

Le poney magique posa un instant son regard sur celui de Lola.

– C'est un monde impitoyable, dit-il doucement, où des créatures innocentes sont emmenées loin de leur maison, pour être confinées dans l'obscurité.

– Sais-tu où ils sont ? s'écria Lola.

Elle était immergée dans la brume argentée. Elle tendit la main pour toucher la robe scintillante de Poudre d'étoile. Son cou était chaud et doux.

– Il y a eu une bagarre. Il y a de la peur, dans l'air, un appel au secours.

– Qui a fait cela ? supplia Lola. Qui est capable de tant de cruauté ?

– À nous de le découvrir, conclut Poudre d'étoile.

Puis, sur le ton le plus grave qu'elle ait jamais entendu, il la mit en garde :

– Je vois des chevaux enfermés sans rien à boire ni à manger. Il n'y a personne. Ils sont coupés de la lumière du jour. Seuls et désespérés.

– Qu'allons-nous faire ? demanda Lola.

Le poney magique déploya ses grandes ailes blanches.

– Monte sur mon dos, lui dit-il. On retourne à Hartfell.

Elle eut un instant d'hésitation.

– Il y a des policiers, là-bas. Que diront-ils en te voyant ?

– Souviens-toi, ils ne verront rien d'autre qu'un poney ordinaire, répliqua-t-il.

Lola hocha la tête. Les ailes du poney n'étaient visibles que pour elle seule. Elle s'installa sur son dos et s'accrocha à sa crinière.

Poudre d'étoile commença à battre des ailes.

Ils s'élevèrent dans une bourrasque de vent. Le sol se déroba sous leurs pieds, ils plongèrent dans un tunnel où les arbres, les rochers et la lande tourbillonnaient. Le ciel n'était plus qu'un trait de lumière à l'horizon, puis il s'élargit de nouveau, et s'éclaircit d'un seul coup, virant au bleu intense.

Elle regarda vers le bas. Ils volaient !

Tout était différent.

Le poney magique de Lola s'élança au-dessus de la mer. L'onde scintillait au soleil, à leurs pieds. Des bateaux minuscules paraissaient posés sur la masse bleue de l'eau.

Elle regarda en l'air. Il n'y avait rien que le ciel.

Poudre d'étoile battait des ailes à un rythme régulier. Il planait dans les courants d'air. Puis il inclina les ailes et repartit en direction de la côte. Les vagues s'écrasaient sur la plage où l'on ne voyait plus qu'une étroite bande de sable clair. Les cabines de plage ressemblaient à un alignement de dominos le long de la baie de Whitton. Sur la route de la côte, les rares voitures semblaient de petites taches de lumière. Au loin, après la plage, s'étirait la lande.

– C'est Hartfell, là-bas ! s'écria Lola.

Perchés sur une colline, au milieu des champs et

des bois, les bâtiments du club étaient si petits qu'on aurait dit un jouet d'enfant.

Le poney magique plongea en piqué. Lola eut un haut-le-cœur. Pour l'atterrissage, elle se cramponna encore plus fort à sa crinière, se penchant en avant pour se protéger des grandes ailes qui battaient.

Bob était en pleine conversation avec John, au beau milieu la cour. La voiture de police ainsi que les deux policiers avaient disparu.

Lola et Poudre d'étoile s'avancèrent vers eux sur le chemin. En les apercevant, les deux hommes s'interrompirent :

– Eh, Lola, où as-tu trouvé ce poney-là ? demanda John en remarquant le poney gris pommelé qu'elle montait à cru et sans bride.

– Sur le sentier des falaises ! répondit-elle. Ce n'est pas la première fois que je le monte.

– Ça doit être un poney sauvage qui vit sur la lande, conclut le maréchal-ferrant, trop occupé par sa conversation avec Bob pour être vraiment attentif.

– Comment ça s'est passé, avec la police ?

– Ils vont essayer d'identifier la plaque d'immatriculation dont tu as trouvé un morceau, lui dit Bob, le visage fermé. J'ai bien cru qu'ils allaient m'arrêter sur-le-champ pour me mettre en prison.

– Et Johanna ?

– Nous avons parlé et je l'ai convaincue de rester là-bas. Apollo a remporté l'épreuve de cross country. Pour le moment, il est deuxième.

– Génial ! souffla Lola.

Il lui semblait que Poudre d'étoile écoutait la conversation de toutes ses oreilles tout en observant Bob avec la plus grande attention.

– Elle ne pouvait quand même pas laisser passer une chance pareille, reprit-elle. Mais elle doit être très inquiète pour Scottie et les autres.

– Elle a failli craquer, quand je lui ai annoncé. Mais tu la connais, elle a du cran !

– Tu sais quoi ? interrompit John. Elle a dit à Bob que Scottie valait au moins dix mille euros !

– Dix mille ?! répéta Lola. Et Rafale ? et Shandy ?

– Beaucoup moins. Rafale doit valoir six mille euros, et Shandy quatre mille, répondit Bob. Ça fait dans les vingt mille en tout ! Quand tu fais le compte, c'est un vrai business de voler des chevaux !

Poudre d'étoile commençait à s'agiter. Il se mit à gratter le sol avec un antérieur. Puis il tourna la tête vers la barrière comme s'il voulait faire demi-tour.

– Bon, à tout à l'heure, alors ! s'exclama Lola comme si de rien n'était.

Tout en faisant de grands signes de la main aux deux hommes, Lola rebroussa chemin et repartit en direction du pré du haut.

Arrivé à la barrière, Poudre d'étoile s'arrêta.

– Qu'est-ce qu'il y a ? demanda Lola.

– Il y avait un truc bizarre, tout à l'heure, dans la cour.

– C'est Bob, tu crois ?

– Je ne sais pas. Et ici, ajouta-t-il en couchant les oreilles en arrière, on sent encore le danger dans l'air. Des coups violents, des chevaux qui souffrent…

– Arrête ! supplia Lola.

Poudre d'étoile releva la tête, regardant sans la voir l'entrée du pré.

– Il fait nuit. Le grand cheval alezan s'est blessé la figure. Il saigne.

– C'est Scottie ! murmura-t-elle. Qu'est-ce que tu vois d'autre ?

– Rien que la nuit, répondit le poney.

Alors Lola posa enfin la question qui lui tournait dans la tête depuis un moment :

– Maintenant que tu as vu Bob, tu crois vraiment que c'est lui, le voleur ?

Il y eut un grand silence. Ils se tenaient à l'entrée du pré, tout près de la barrière. Une brume argentée flottait dans l'air au-dessus de leur tête.

– C'est ce que nous allons devoir découvrir, répondit Poudre d'étoile.

9

Ce jour-là, Lola et Poudre d'étoile s'envolèrent une deuxième fois, traversant de nouveau une bourrasque de vent tiède pour atteindre la nuée de lumière argentée.

Cette fois, ils atterrirent à Bay View, à l'autre bout de la baie de Whitton, devant une grande maison isolée au milieu des champs. C'était une vieille bâtisse tournée vers le large.

– C'est ici qu'a eu lieu le premier vol de chevaux, expliqua Lola. Tu vois, ils n'ont pas eu beaucoup de mal à faire monter un camion jusque ici sans se faire remarquer.

– Et on n'a jamais retrouvé les chevaux ? demanda le poney magique.

Il redressa les oreilles, à l'affût du moindre signe.

– Non. Ils ont bel et bien disparu. Les voleurs ont

dû les vendre pour se faire de l'argent.

– Ou alors ils les gardent cachés quelque part en attendant qu'on les oublie, pour les vendre un peu plus tard en toute sécurité.

– Enfermés comme des prisonniers ? maugréa Lola.

Poudre d'étoile avait l'air certain que les chevaux étaient encore entre les mains des voleurs.

– Je les entends, précisa Poudre d'étoile sur un ton plein de mystère. Ils ne sont pas loin. Mais ces voleurs sont malins, Lola. Les chevaux sont bien cachés.

– Qu'est-ce que tu entends, exactement ? demanda Lola.

Elle mit pied à terre et fit quelques pas pour observer le pré autour de la maison. Il était vide. L'herbe, déjà haute, était parsemée de boutons d'or.

– J'entends des sabots qui martèlent contre du métal dans l'obscurité, répondit Poudre d'étoile.

– C'est les chevaux qu'on a mis dans le camion pour les enlever !

– Il y a des hommes qui crient.

– C'est les voleurs. Combien y en a-t-il ?

– Deux. Il y a aussi une autre voix, une voix de femme.

– Ils sont trois alors. Quoi d'autre ?

– Je vois des arbres. Beaucoup d'arbres.

– C'est une forêt ? Peut-être que les chevaux sont cachés dans une forêt…

Lola faisait entièrement confiance à Poudre d'étoile. Grâce à son sixième sens, il pouvait voir ou entendre des choses qui n'étaient pas perceptibles aux gens ordinaires.

– Il n'y a plus qu'à trouver cet endroit !

– C'est facile à dire, répliqua Poudre d'étoile. Mais moins facile à faire !

– Je me demande si Bob était dans le coup, s'interrogea Lola à voix haute. Peut-être qu'on devrait vérifier son histoire, à l'hôpital.

Poudre d'étoile acquiesça.

– Et ensuite, on ira voir Caroline et sa famille, ajouta-t-il. Est-ce qu'elle habite loin d'ici ?

– Non. Elle habite à Whitton, près du port. On peut y aller à pied.

En trottant le long d'une petite route tranquille, ils quittèrent Bay View. Peu à peu, les maisons se firent plus nombreuses, la route plus fréquentée. Au bas de la colline, ils se retrouvèrent dans le centre-ville de Whitton. Lola demanda à Poudre d'étoile de ralentir.

– Avec toutes ces voitures, expliqua-t-elle, il faut être prudent.

À cet instant précis, un énorme van bleu foncé passa tout près d'eux sans même ralentir.

– Quel idiot ! marmonna Lola.

Juste après, une deuxième voiture, une décapotable noire, avec une femme au volant, jaillit d'une rue adjacente et faillit les renverser.

La femme klaxonna violemment, Poudre d'étoile bondit sur le côté.

– Dégage de la route, avec ton poney ! cria la femme blonde. Si tu ne sais pas le tenir, reste donc chez toi !

Lola s'apprêtait à lui renvoyer une réponse cinglante sur sa manière de conduire quand elle la reconnut.

– Mais je la connais ! murmura-t-elle à Poudre d'étoile. Je l'ai déjà vue quelque part !

La voiture filait en direction de la sortie de la ville. Elle s'arrêta au feu rouge. Sans attendre que Lola s'explique davantage, Poudre d'étoile fit demi-tour et la suivit.

– Elle est venue à Hartfell, l'autre jour, lui dit Lola.

Elle prétendait vouloir prendre des leçons, mais elle n'était même pas en tenue. Après, elle s'est mise à fouiner partout dans le club. Et elle a posé à Bob plein de questions sur Scottie !

Le feu passa au vert. Les voitures démarrèrent.

– Suis-la ! fit Lola.

Elle était certaine maintenant que la visite de cette femme à Hartfell était louche. Pourquoi, sinon, s'était-elle tellement intéressée à Scottie, et justement la veille du vol ?

Poudre d'étoile trottait à vive allure à la poursuite de la voiture noire. Ils bifurquèrent sur une étroite route de campagne, puis le long d'un chemin privé au bout duquel se dressait un imposant portail métallique. C'était manifestement l'entrée d'une belle propriété.

– Attends un peu ! murmura Lola, en regardant alentour d'un air inquiet.

Le portail s'ouvrit lentement pour laisser entrer la voiture. Puis les grilles se refermèrent.

Lola et Poudre d'étoile s'approchèrent. Il y avait un nom gravé sur une ancienne borne à l'entrée : Manoir de la Chênaie. Tout autour, un haut mur masquait la vue.

– Qu'est-ce qu'on fait, maintenant ? demanda Lola.

– Rien, répondit Poudre d'étoile en dansant sur place.

– Comment ça, rien ? demanda Lola. Mais il faut qu'on la suive !

– Comment ? fit Poudre d'étoile en lui montrant le mur et le portail.

– On peut voler par-dessus !

– Non, insista-t-il.

– Mais pourquoi ?

– Sois un peu patiente, répondit le poney magique. Que savons-nous de cette femme, à part qu'elle est venue au club ?

– Et qu'elle conduit comme un pied ! marmonna Lola.

Mais elle sentait bien que Poudre d'étoile avait raison.

– Dans tous les cas, il est l'heure que je te ramène chez toi, poursuivit-il. Regarde, le soleil se couche. Bientôt, il fera nuit.

– Attends encore un peu ! supplia Lola.

– Non. Nous continuerons demain.

Poudre d'étoile fit demi-tour et déploya ses ailes pour prendre son envol.

– Lola, il s'est passé une chose horrible !

C'est avec ces mots que la mère de Lola l'accueillit à son retour à la Ferme du Haut.

Son père était rentré du travail. Ils étaient installés tous deux autour de la table, dans la cuisine. Ils attendaient un coup de fil.

– Quoi ? s'écria Lola.

Elle venait de dire au revoir à Poudre d'étoile, au bout du chemin. Ils s'étaient promis de se retrouver de bonne heure le lendemain matin à l'endroit magique.

– Bob a été arrêté, lui dit doucement son père. On a laissé un message à Johanna sur son portable. On attend qu'elle rappelle.

Lola se laissa tomber sur une chaise :

– Quand est-ce qu'on l'a arrêté ?

– Il y a tout juste une heure, répondit son père. J'ai croisé John en ville en rentrant. Il m'a dit que la police soupçonne Bob d'avoir volé les chevaux.

Lola avait du mal à en croire ses oreilles. Elle se tenait le menton sans rien dire.

– Ils ont une preuve, poursuivit sa mère. La plaque d'immatriculation cassée correspond à celle de la voiture de Bob. C'est ce que John a dit à ton père.

Lola secoua la tête :

– C'est bizarre. Est-ce que Bob leur a dit où étaient les chevaux ?

– Non. Il affirme qu'il n'y est pour rien, répondit son père. Il ne cesse de répéter qu'il est rentré directement chez lui en revenant de l'hôpital.

– Il dit qu'il est innocent, ajouta la mère de Lola après un silence qui lui parut interminable. Elle se pencha par-dessus la table et prit dans les siennes les mains de sa fille : Je t'assure, ma chérie, je ne sais vraiment plus quoi penser de tout cela !

10

– Lola, tu es bien certaine que tu ne veux pas venir avec nous ? lui demanda son père le lendemain matin au petit déjeuner.

Les parents de Lola avaient promis à Johanna de veiller sur le club de Hartfell jusqu'à son retour. Ils avaient longuement parlé, la veille, au téléphone. Le père de Lola avait décidé de prendre une journée de congé pour être disponible.

– Non merci ! répliqua Lola, pressée de partir.

– Mais tu viendras à vélo, un peu plus tard ? insista sa mère, surprise que Lola ne veuille pas venir avec eux.

– Je vais d'abord aller voir Caroline, pour prendre de ses nouvelles, répliqua-t-elle.

« Et surtout, retrouver Poudre d'étoile à l'endroit magique ! »

Lola avait à peine dormi de toute la nuit tant elle s'inquiétait pour les chevaux volés. Elle n'avait cessé de se tourner et retourner dans son lit, se relevant même, dans l'espoir d'apercevoir Poudre d'étoile par la fenêtre. Mais son poney magique n'était pas apparu de toute la nuit, et elle n'avait rien vu d'autre que les étoiles au firmament et la pleine lune voilée par des nuages.

Lola dit au revoir à ses parents qui partaient. Puis elle enfourcha son vélo et fila sur le sentier des falaises. Le temps était gris et venteux. Sur la mer, une nappe de brouillard flottait à l'horizon.

Lola pédalait aussi vite que possible. À plusieurs reprises, sa roue heurta de gros cailloux qui la firent chanceler. Une fois, elle faillit même perdre l'équilibre et tomber contre le fil de fer barbelé, tout au bord de la falaise. Elle freina brutalement, déposa son vélo dans un bouquet de bruyère, et fit le reste du trajet en courant.

Poudre d'étoile l'attendait. Il se tenait à l'endroit magique, une fine brume argentée flottait autour de lui. Quand Lola l'eut rejoint, il lui fit comprendre qu'il n'y avait pas de temps à perdre.

Aussitôt, elle monta sur son dos et attendit qu'il

déploie ses ailes.

– Où va-t-on ? demanda-t-elle.

– On retourne au Manoir de la Chênaie, lui répondit-il.

– À cause de la femme en voiture ?

– Oui, en partie. Mais aussi parce qu'il y a plein d'arbres, là-bas, expliqua Poudre d'étoile. Et quand j'entends les chevaux volés, je vois aussitôt une épaisse forêt, de grands arbres, un endroit bien caché.

Lola acquiesça. Elle savait qu'elle pouvait faire confiance aux visions de son poney magique.

Ils s'élevèrent d'un coup d'ailes énergique. Lola sentit la terre se dérober sous leurs pieds. Une fois encore, ils plongèrent dans une sorte de tunnel d'ombres tourbillonnantes avant de déboucher dans les nuées argentées.

Quand elle regarda vers le bas, elle aperçut une imposante maison entourée de grands murs.

– C'est le Manoir de la Chênaie ! murmura Lola.

Elle s'accrocha bien fort à l'encolure de Poudre d'étoile tandis que celui-ci descendait en piqué.

Ils atterrirent derrière le manoir, au milieu d'un pré où paissaient de nombreux moutons, dans un creux du terrain où ils n'étaient pas visibles depuis la maison. Un peu plus loin coulait un ruisseau. Puis une colline s'élevait, bientôt couverte d'une épaisse forêt. Plus loin encore, c'était la mer et le brouillard.

– Ça file les chocottes ! bredouilla-t-elle.

Poudre d'étoile s'avança au bord du ruisseau et baissa la tête pour boire. L'eau était peu profonde, il entreprit la traversée.

– Je n'étais encore jamais venue ici, lui dit Lola.

Elle savait que le Manoir de la Chênaie était une propriété très étendue, avec ses propres routes au milieu des prés et des bois. Les propriétaires étaient des gens très riches.

Poudre d'étoile avançait toujours en direction des arbres. En approchant, ils découvrirent à quel point les arbres étaient serrés. De longues branches pendaient presque jusqu'au sol.

– Il faut entrer là-dedans ? demanda Lola d'une voix effrayée.

– Oui. Mais tu dois descendre et marcher à côté de moi, lui dit Poudre d'étoile.

À contrecœur, elle mit pied à terre. Ils pénétrèrent dans la forêt ombrageuse.

C'était une forêt de chênes. Les troncs étaient vieux et tordus, les branches entremêlées dans une voûte de verdure. Au sol, une épaisse couche de feuilles mortes crissait sous leurs pas.

– Est-ce que tu entends quelque chose ? murmura Lola.

Il s'arrêta, tête relevée, oreilles pointées :

– Rien.

Déçue, Lola regardait de tous côtés. Derrière eux, elle apercevait encore la lumière du jour, mais devant, il n'y avait que des ombres.

Soudain, à leur grande surprise, deux rais de lumière surgirent des ténèbres. Le bruit d'un moteur de voiture rompit le silence.

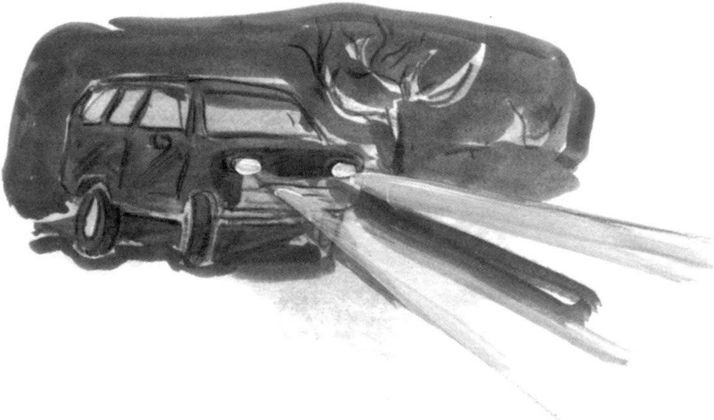

Avant que Lola et Poudre d'étoile aient eu le temps de réagir, les phares étaient en plein sur eux. Il était trop tard pour faire demi-tour et se sauver en courant.

Le 4 x 4 s'avançait sur un chemin grossier. Un homme descendit et s'approcha d'eux.

– Comment êtes-vous entrés ? demanda-t-il en fonçant droit sur Lola. Vous ne savez pas que c'est une propriété privée ? ajouta-t-il en lançant un coup d'œil noir au poney.

– On s'est perdus ! lui dit Lola, effrayée.

L'homme portait une chemise à carreaux, des jodhpurs et des bottes d'équitation. Il avait les cheveux bruns, un visage étroit, et une voix très grave. Ce devait être le propriétaire du Manoir de la Chênaie.

– C'est par la plage et le sentier des falaises que vous êtes entrés ? demanda l'homme en colère. C'est le seul moyen ! Partout ailleurs, il y a des clôtures !

Lola acquiesça sans rien dire.

– Vous n'avez pas vu les panneaux ? C'est marqué partout, en grosses lettres rouges : « Propriété privée – Défense d'entrer » !

– Je suis désolée, dit-elle. Nous ne voulions pas…

– Peu importe ! interrompit-il. Il retourna un instant au 4 x 4 : T'inquiète pas, c'est juste une gamine. Je vais la fiche dehors vite fait !

Dans la voiture, Lola reconnut la femme blonde qu'elle avait déjà vue à deux reprises.

– Nick ! C'est cette gamine-là qui traînait déjà dans le coin hier, s'exclama-t-elle.

– Bon, jeune fille, ton poney et toi vous allez faire demi-tour et suivre ce chemin, ordonna-t-il. Il traverse la propriété et rejoint l'entrée principale de l'autre côté de la maison. Pendant ce temps, je vous suivrai pas à pas avec la voiture.

– Ce n'est pas la peine ! lui dit vivement Lola. On trouvera bien la sortie tous seuls !

Mais il lui jeta un regard furieux, lui signifiant ainsi qu'il n'y avait pas à discuter.

– Allez ! ordonna-t-il. Et que je ne vous y reprenne pas !

– Pourquoi cette femme aurait-elle besoin de prendre des leçons avec Johanna ? demanda Lola.

Poudre d'étoile et elle avançaient sur la route en direction de Whitton après que le portail du Manoir de la Chênaie se fut refermé derrière eux.

– Ce que je veux dire, c'est que ce type, Nick, portait une tenue de cavalier. Alors, si la femme voulait apprendre à monter, elle n'avait qu'à lui demander, à lui !

Ce n'était pas la seule chose qui clochait. Par exemple, si ces gens étaient si riches, ils auraient aussi leurs propres chevaux. Et pourquoi se mettre dans une telle colère ?

– C'est comme s'ils avaient quelque chose à cacher ! déclara Lola à Poudre d'étoile.

– Nous devrions y retourner, ajouta-t-il. Mais cette fois, attention à ce qu'ils ne nous voient pas.

Lola se concentra un instant :

– Il a évoqué un passage qui mènerait de la falaise au bois. On doit pouvoir entrer par là.

– Il n'y a plus qu'à le trouver, dit Poudre d'étoile.

Il obliqua aussitôt sur un chemin de traverse qui partait vers la mer. Enfin, ils parvinrent à une crique minuscule sur le rivage.

Heureusement, la marée était basse. Mais Lola s'inquiétait car l'épais brouillard ne se dissipait pas.

Elle observa la plage de galets, ceinturée d'une muraille rocheuse tout en haut. Par où donc fallait-il passer ?

– Allons voir, il y a des panneaux, dit Poudre d'étoile en emmenant Lola au petit trot.

– « Propriété privée », lut-elle. « Défense d'entrer. »

– C'est sûrement le Manoir de la Chênaie, déclara Poudre d'étoile. Accroche-toi bien.

D'un grand coup d'ailes, il bondit jusqu'au sommet de la falaise. Il atterrit en douceur puis demanda à Lola de descendre.

Une fois sur la terre ferme, Lola observa la forêt ombrageuse devant elle. De ce côté, tous les arbres étaient penchés dans la même direction à cause du

vent du large. Les branches qui tombaient jusqu'au sol retenaient entre leurs griffes d'épaisses franges de brouillard, ce qui accentuait encore la tristesse du paysage.

– Maintenant, j'entends la souffrance des chevaux, dit Poudre d'étoile. Cela vient jusqu'ici à travers la forêt.

Aussitôt, oubliant sa peur, Lola s'avança dans l'obscurité. Elle se frayait un passage en tâtonnant à travers les branchages, tout en tâchant de ne pas se prendre les pieds dans les racines.

Dans ce brouillard, on aurait dit que les arbres étaient vivants : de leurs doigts crochus ils lui griffaient le visage, de leurs racines tortueuses ils faisaient des pièges. Tout en haut, vers les cimes, de petites créatures s'agitaient.

Lola frissonna. Sans Poudre d'étoile, elle n'aurait jamais eu le courage de poursuivre.

– On approche ! murmura le poney magique. On est tout près.

Enfin, elle parvint à distinguer une masse plus sombre au milieu des arbres. C'était une bâtisse de pierre à moitié en ruines, les murs étaient recouverts de lierre, il y avait de grands trous dans la toiture.

– C'est une ancienne ferme, dit-elle à Poudre d'étoile.

– Est-ce que tu as entendu ? chuchota-t-il.

Il se tenait raide sur ses antérieurs, comme s'il allait faire demi-tour et fuir à toutes jambes.

Lola tendit l'oreille. Une brume épaisse enveloppait tout le bâtiment. Elle s'enroulait au pied des murs, tapissait la cour envahie d'herbes folles et semblait mener ainsi jusqu'à la pénombre d'une grange. Elle perçut un hennissement aigu, très faible et assourdi.

– Oui, s'écria-t-elle, j'ai entendu !

Elle voulut s'élancer, mais Poudre d'étoile l'arrêta.

– C'est dangereux ! dit-il.

Mais l'idée que les chevaux appelaient à l'aide lui fit oublier ses frayeurs. Elle se précipita d'un bond hors du sous-bois et se mit à courir à travers le brouillard.

Le cheval hennit de nouveau. Suivant le bruit, Lola fit le tour du bâtiment et entra dans la cour par derrière.

Soudain, elle s'arrêta net.

Le dénommé Nick sortait de la grange en tenant une corde à la main. Il aperçut Lola et appela quelqu'un derrière lui. Un deuxième homme apparut, menant un poney bai brun.

– Ne bouge plus ! hurla le propriétaire du Manoir de la Chênaie.

Lola reconnut le poney.

– C'est Shandy ! souffla-t-elle.

Puis elle reconnut l'homme qui la menait. C'était John, le maréchal-ferrant.

Aussitôt, ce dernier remmena Shandy dans la grange. Il ferma une porte et revint très vite.

Entre-temps, Poudre d'étoile avait rejoint Lola.

– Toi, attrape le poney ! ordonna Nick. Moi, je

m'occupe de la fille !

Il tendit la corde à John et fonça sur Lola.

Morte de peur, elle se précipita de l'autre côté du bâtiment. Derrière elle, les pas de Nick se rapprochaient. En jetant un coup d'œil par-dessus son épaule, elle aperçut John qui tentait de capturer Poudre d'étoile à coups de fouet.

– Non ! hurla-t-elle en faisant demi-tour pour venir en aide à Poudre d'étoile.

Elle fit un brusque crochet pour feinter son poursuivant. Une nouvelle fois la corde s'enroula dans l'air et retomba en sifflant sur le dos du poney. Elle grimaça de douleur alors que celui-ci se cabrait violemment.

– Je la tiens ! s'écria Nick d'une voix hargneuse derrière elle.

Il la saisit à la taille et la souleva. Elle se débattit en vain.

– Laissez Poudre d'étoile tranquille ! hurla-t-elle encore.

John lança la corde de nouveau. Cette fois, elle s'abattit sur l'encolure du poney. Poudre d'étoile retomba sur ses pieds, mais ne fut pas assez rapide pour échapper à la corde qui s'enroulait maintenant autour de son cou.

– Ça y est, j'ai le poney ! cria John.

Nick fit alors demi-tour et traîna Lola jusqu'à la voiture garée sur un chemin un peu plus loin. La dernière chose qu'elle vit, avant qu'il ne la pousse à l'arrière et démarre, ce fut son merveilleux poney magique, traîné au loin, une corde autour du cou.

11

Lola se recroquevilla sur le plancher du 4 x 4. Elle tremblait de la tête aux pieds en songeant avec horreur à ce qui venait de se produire.

« Pauvre Poudre d'étoile ! » pensa-t-elle en se rappelant comment le maréchal-ferrant l'avait cinglé de son fouet. Elle tenta de s'asseoir, se raccrocha à la poignée de la portière alors que la voiture démarrait et filait le long du chemin. C'est alors qu'il lui fallut admettre le fait que John était bien l'un des voleurs.

« Je ne l'aurais jamais deviné ! se dit-elle. Mais c'était bien lui ! »

Le 4 x 4 brinquebalait et tressautait sur le chemin. Lola fut rejetée en arrière. Enfin ils sortirent du bois et elle aperçut de nouveau la lueur du jour. Elle comprit que la voiture fonçait droit sur le ruisseau que Poudre d'étoile et elle avaient traversé.

La voiture s'enfonça dans l'eau. Lola se raccrocha à un rebord en métal à l'arrière, mais elle fut aspergée d'eau froide par une fenêtre ouverte. Il y eut un choc violent. Le 4 x 4 avait heurté un rocher. Le moteur hurla. Les pneus dérapèrent dans une couche de boue. La voiture s'arrêta brutalement.

Lola saisit sa chance. Elle agrippa de toutes ses forces la poignée de la portière, qui s'ouvrit cette fois.

Le conducteur cria un juron et essaya de redémarrer le moteur.

Lola bondit dehors et se mit à courir à toutes jambes : elle remonta la colline et traversa le pré pour rejoindre les ombres de la forêt.

Jamais elle n'avait filé aussi vite. Il lui fallait à tout prix sauver Shandy et Poudre d'étoile. Puis retrouver Scottie et Rafale.

Nick la poursuivait en courant lui aussi. Il criait, jurait.

Lola avait l'impression qu'il se rapprochait. Pour essayer de le semer, elle abandonna le chemin et s'enfonça dans l'obscurité.

Il lui fallait désormais se débattre à travers les branchages et les buissons piquants pour parvenir jusqu'à la vieille ferme. L'homme était toujours à sa poursuite. Il peinait lui aussi. Il soufflait fort.

Lola avait la gorge sèche. Alors qu'elle sautait par-dessus un fossé, ses jambes se dérobèrent. Elle tomba et roula contre un tronc d'arbre moussu. Elle ne fit plus un geste. L'homme était là, juste à côté d'elle.

– John, j'ai perdu la gamine ! Est-ce qu'elle est venue de ton côté ?

– Non, je ne l'ai pas vue, l'entendit-elle répondre au loin.

Maintenant, au moins, elle savait dans quelle direction aller. Dès que Nick serait reparti, elle irait dans la direction de la voix de John. En se cachant d'arbre en arbre, elle arriverait bien jusqu'à l'ancienne ferme…

La vieille bâtisse se tenait juste devant elle, fantomatique dans la brume et le silence.

Lola retint sa respiration. En se faufilant, elle continua d'avancer, attentive aux silhouettes qui pouvaient surgir de la grange ou du chemin.

– Nick, où es-tu ? cria John.

Pas de réponse.

– Je n'aime pas ça ! s'écria le maréchal-ferrant.

Cette gamine est bien trop près pour qu'on soit tranquille.

Lola se tapit contre un tronc d'arbre, priant pour que ni John ni le dénommé Nick ne la repèrent.

– Nick, est-ce que tu m'entends ? Je vais relâcher les chevaux !

Lola s'arrêta.

– Je vais les laisser filer avant qu'elle prévienne la police !

John continuait de crier dans l'obscurité. Lola entendit les chevaux hennir, puis un froissement de feuilles mortes et Nick apparut sur le chemin.

– Arrête de faire l'imbécile ! cria-t-il.

Lola risqua un coup d'œil. Elle vit John filer dans la grange, tandis que Nick se précipitait derrière lui. Elle entendit encore des cris et des jurons, ainsi que le hennissement aigu des chevaux effrayés.

Elle quitta son abri derrière les arbres et courut à son tour vers la grange. Peu lui importait maintenant d'être vue. La seule chose qui comptait désormais, c'était de sauver Poudre d'étoile et les autres chevaux.

– Tu es devenu fou ! s'écria Nick en sautant sur le maréchal-ferrant qui venait de détacher le licol de Shandy.

Les deux hommes tombèrent au sol. Ils luttaient au corps à corps.

Depuis l'entrée, Lola observait toute la scène. Dans l'obscurité, elle parvint à discerner une rangée d'enclos distincts, comme on en utilise pour les moutons. Pour l'heure, chacun abritait un cheval apeuré.

Enfin, elle aperçut Poudre d'étoile, solidement attaché à un anneau de métal scellé au mur. Puis Shandy, libre dans son box, qui donnait des coups de pied dans la porte. Scottie, tête basse, sa liste blanche rayée d'une vilaine coupure, et aussi Rafale, et encore après trois autres chevaux, sûrement ceux volés à Bay View.

Lola se précipita vers Poudre d'étoile pour le libérer.

– Ça va ? demanda-t-elle. Il ne t'a pas fait mal ?

– Pas trop, dit Poudre d'étoile en attendant patiemment d'être libéré.

John, qui était le plus costaud des deux, parvint à se dégager de l'étreinte de Nick. Il se releva aussitôt.

– Il faut se débarrasser de tout ça ! cria-t-il.

Sans plus s'occuper de Lola, il parvint à détacher Scottie et Rafale avant que Nick ne l'ait attrapé de nouveau et jetté à terre.

Shandy, Rafale et Scottie ruaient et donnaient des

coups de pied. En se cognant contre le mur de pierre, leurs fers faisaient jaillir des étincelles. Terrorisés, les trois chevaux fracassèrent les cloisons de bois de leurs boxes et s'enfuirent par la porte de la grange.

– Ils sont libres ! soupira Lola.

Elle repoussa la porte qui retenait encore Poudre d'étoile, et tous deux s'enfuirent à la suite des chevaux volés.

– Scottie, n'aie pas peur ! supplia Lola, prise à nouveau dans le brouillard autour de l'ancienne ferme.

L'alezan blessé était fou de terreur. Ses yeux roulaient en tous sens. Il rua et se tourna du côté de la forêt.

– Shandy ! Rafale !

En vain, Lola essayait de les calmer.

Scottie rua de nouveau, puis s'enfuit au grand galop sous les arbres. Les deux poneys foncèrent derrière lui.

– Revenez ! appelait Lola.

Ils étaient enfin libres, mais surexcités, fous comme des chevaux sauvages.

– Oh ! s'écria-t-elle, désespérée, en se tournant vers

Poudre d'étoile. Comment va-t-on les suivre ?

– Monte ! ordonna-t-il.

Il déploya ses ailes et s'envola par-dessus les chênes.

En dessous, Lola entr'aperçut les chevaux en fuite. Scottie slalomait entre les troncs épais, appelant à sa suite les deux poneys. Cette ombre, là, c'était Shandy en train de se débattre pour sortir d'un fossé où elle était tombée, et là, c'était Rafale, répondant à l'appel de Scottie.

– Est-ce qu'ils vont s'arrêter quand ils seront fatigués ? demanda Lola à Poudre d'étoile.

– Seulement quand ils se sentiront en sécurité, répondit-il.

De là-haut, il planait, faisait des cercles, sans les perdre de vue un seul instant.

– Attention, droit devant ! s'exclama-t-il soudain.

Lola comprit qu'un nouveau danger les guettait. Alors que les chevaux galopaient à travers la forêt, elle réalisa soudain qu'ils fonçaient tout droit vers la mer.

– Ils vont bientôt arriver à la falaise, lui dit Poudre d'étoile.

– J'espère qu'ils vont s'arrêter avant !

Il battit des ailes et s'envola à leur suite.

– Ils ont bien trop peur, lui dit-il. Après avoir été enfermés dans le noir pendant plusieurs jours, ils ne pensent qu'à s'enfuir.

Scottie fonçait à travers les arbres dans un bruit de tonnerre. Une brise marine parvenait à ses narines, comme une promesse de liberté. Rafale et Shandy suivaient juste derrière.

– Comment détourner leur trajectoire ? demanda Lola.

Dans quelques secondes, les chevaux qui galopaient vers la lumière allaient atteindre le bord de la

falaise. D'un énergique coup d'ailes, Poudre d'étoile dépassa Scottie.

– Arrêtez-vous ! cria Lola.

En contrebas, les rochers tombaient à pic dans la mer.

Le cou tendu, la tête en avant, Rafale continuait de galoper droit sur le gouffre. La chute serait fatale.

– Arrête-les, Poudre d'étoile, supplia Lola.

Alors, son poney magique inspira une grande bouffée d'air et expira profondément. Une fine brume argentée retomba par terre en scintillant, enveloppant Scottie, Rafale et Shandy dans un nuage étincelant.

Lola observa la brume magique produire son effet.

Scottie, le premier, se retrouva immergé dans la brume argentée. Il inspira et s'immobilisa aussitôt dans un nuage de fines gouttelettes scintillantes.

Puis ce fut le tour de Rafale. Lui aussi inspira profondément et s'apaisa aussitôt.

Enfin, Shandy pénétra à son tour dans la brume magique. Elle examina le bord de la falaise. Tout en bas les vagues s'écrasaient en écumant.

Lola poussa un soupir. Ouf ! Les poneys étaient sauvés !

12

Lola et Poudre d'étoile retournèrent sans plus tarder à Hartfell, à l'autre extrémité de la baie de Whitton.

– Combien de temps les poneys vont-ils rester ainsi ? demanda Lola.

– Jusqu'à ce que je les libère.

Ils atterrirent au beau milieu du pré du haut. Lola courut prévenir ses parents qu'elle avait retrouvé les poneys.

Ensuite, tout alla très vite. Le père de Lola décida d'emprunter le camion de Johanna pour aller récupérer Scottie, Rafale et Shandy. Entre-temps, Lola et Poudre d'étoile étaient retournés au bord de la falaise, là où ils avaient laissé les trois chevaux.

– C'est incroyable ! murmura Lola.

En effet, ils se tenaient tous les trois exactement à

la même place, comme des statues dans la brume.

Poudre d'étoile se posa sans heurt. Il s'approcha successivement de Scottie, de Rafale et de Shandy. Il caressa chacun du bout du nez et lui souffla dessus. Avec le même résultat à chaque fois : détente progressive et retour à la normale. La brume argentée se dissipa peu à peu elle aussi.

Bientôt, ils furent rejoints par le père de Lola, au volant du camion.

– On dirait que la maison est vide, dit-il. Je n'ai pas vu le moindre signe de vie. Pourtant, le portail à l'entrée était ouvert.

Ils firent monter les trois chevaux dans le camion. Poudre d'étoile lui-même monta avec eux, et tous revinrent à Hartfell en camion.

– Scottie va se remettre très vite de sa blessure, assura le père de Lola.

Pendant qu'il maniait le coton et le désinfectant, Lola tenait l'alezan en longe.

– Bon garçon..., lui dit-elle en posant la tête contre sa joue.

Ils étaient dans la cour du club, à Hartfell. Scottie,

Rafale et Shandy étaient sains et saufs.

– On l'a échappé belle, reprit son père en tamponnant délicatement la blessure de Scottie. Je n'arrive toujours pas à imaginer comment toi et ce petit poney gris vous avez réussi à les éloigner du bord de la falaise.

– Moi, non plus ! bredouilla Lola.

Elle ne pouvait quand même pas lui expliquer qu'une brume magique les avait hypnotisés le temps que Poudre d'étoile et elle aillent chercher de l'aide !

– Le danger est passé, maintenant, dit Poudre d'étoile. Je vais bientôt repartir.

– Tu as été génial ! lui dit Lola avec un grand sourire.

Elle caressa sa belle crinière soyeuse.

– Mais d'où vient-il, ce poney ? demanda son père tout en menant Scottie dans le pré du haut rejoindre Rafale et Shandy. On dirait qu'il est toujours là quand tu as besoin de lui !

Lola suivait avec Poudre d'étoile.

– Il erre sur la lande avec les autres poneys sauvages. Je crois qu'il m'aime bien !

Poudre d'étoile secoua la tête et donna un grand coup de queue dans l'air.

– Tiens, voilà ta mère ! dit son père en désignant la voiture qui s'engageait sur le chemin. Mais on dirait qu'il y a quelqu'un avec elle !?

– C'est Bob ! s'exclama Lola en jetant un regard triomphant à Poudre d'étoile.

C'était bien lui. Il descendit de la voiture.

– Je suis libre ! s'écria-t-il en agitant les bras. À la place, on a arrêté le maréchal-ferrant et le couple du Manoir de la Chênaie !

– John a tout avoué, expliqua la mère de Lola. Quand je leur ai expliqué ce qui s'était passé, les policiers sont allés directement chez lui. Et devine ce qu'ils ont trouvé : le camion de Bob dans le garage de John.

– Comment est-ce possible ? demanda Lola.

– Bob lui louait son garage. John a d'abord prétendu que Bob s'était servi du camion sans qu'il s'en aperçoive. Mais il a tout de même fini par avouer. Il a raconté qu'il devait beaucoup d'argent au couple du Manoir de la Chênaie. Comme il n'arrivait pas à rembourser sa dette, il s'est laissé entraîné par eux dans cette histoire de vol de chevaux. Ils avaient prévu de voler tous les chevaux de valeur autour de Whitton. C'est tout à fait par hasard qu'ils sont venus chez Johanna le seul soir où il n'y avait personne.

– Oh ! marmonna Lola. Et ces gens du Manoir de la Chênaie, pourquoi ont-ils besoin de voler des chevaux ?

– Ils ont eux aussi des problèmes d'argent ! poursuivit Bob. Ils ont beau habiter dans un château et avoir de belles voitures, en fait ils doivent des millions à leur banque. En volant des chevaux, ils pensaient gagner beaucoup d'argent en peu de temps. Mais les choses ont mal tourné pour eux.

– Elles ont *très bien* tourné, en fait ! s'exclama Lola. Surtout pour Scottie, Rafale et Shandy !

– Ils devaient connaître la valeur d'un cheval comme Scottie, fit remarquer le père de Lola. Ils pensaient sûrement que Rafale leur rapporterait une fortune lui aussi.

– Et je parie qu'ils ont pris Shandy parce qu'elle monte toute seule dans un van. Comme ça, les deux autres pouvaient la suivre !!!

Lola passa le bras autour du cou de Poudre d'étoile. Tout bas, elle le remercia de nouveau.

Poudre d'étoile baissa la tête et vint frotter ses

naseaux dans le creux sa main.

– Tout est bien qui finit bien ! dit le père de Lola en guise de conclusion.

– Et Johanna était tellement contente quand elle a appris qu'on avait retrouvé Scottie, Rafale et Shandy, ajouta la mère de Lola.

– Tu l'as appelée ? c'est vrai ? demanda Lola.

– Oui, répondit sa mère. Bob lui a téléphoné.

– Et alors ? demanda Lola en se tournant vers Bob.

– Elle était sacrément soulagée ! s'écria-t-il. Mais pas autant que moi, je peux te le dire !!!

– Et alors ? demanda de nouveau Lola, les yeux brillants, les doigts croisés. Et Apollo ? Qu'est-ce que ça donne ?

Bob inclina la tête sur le côté. Il fronça les sourcils. Lola sentit tous ses espoirs retomber comme un soufflet.

– Il a gagné ! s'écria Bob en éclatant de rire.

– Oh !...

– Il a gagné l'épreuve de saut d'obstacles, et il a remporté la médaille d'or ! confirma la mère de Lola. Johanna était aux anges !

– C'est génial ! soupira Lola. N'est-ce pas que c'est génial ? répéta-t-elle en se tournant vers Poudre d'étoile.

Son père éclata de rire :

– Tu parles toujours aux animaux, toi !

Alors que le petit groupe retournait tranquillement vers la maison, Lola et Poudre d'étoile restèrent ensemble à l'entrée du chemin, près de la barrière.

Lola jeta un coup d'œil à Rafale, Shandy et Scottie qui broutaient paisiblement. Elle poussa un grand soupir et caressa une dernière fois son poney magique.

– Au revoir, Lola, murmura Poudre d'étoile en soufflant une brume argentée.

Il plongea son doux regard dans le sien. Puis il déploya ses ailes et s'envola au loin.

Le Cahier Poney

Comment transporter ton poney en toute sécurité

En tant que jeune cavalier, tu auras sans doute de nombreuses occasions de devoir transporter ton poney – que ce soit pour un concours hippique, une randonnée entre amis ou une visite à la clinique vétérinaire ! Voici quelques conseils de base pour que ce transport s'effectue dans les meilleures conditions possibles...

Sois indulgent si ton poney a peur

Aujourd'hui encore, trop de gens – y compris parmi les professionnels – oublient que pour un équidé, être transporté dans un van est totalement « contre-nature ». À cause de leur instinct de fuite, tous les poneys sont claustrophobes, c'est-à-dire qu'ils détestent se retrouver dans un lieu étroit, clos, confiné... Pour eux, c'est comme s'ils étaient pris au piège ! Comment s'étonner alors que certains refusent de monter dans cet effrayant trou noir qu'est le van ? Mets-toi à la place de ton poney une seconde et tu prendras conscience que sur le plan éthologique, le transport n'a rien d'une partie de plaisir. Surtout qu'une fois parti sur la route, ton poney est ballotté dans tous les sens ! Or, c'est bien connu : toujours à cause de leur instinct de fuite, les poneys craignent les sols instables ou mouvants, qui se dérobent sous leurs pieds. Voilà pourquoi s'impatienter, s'énerver, voire recourir à la force pour embarquer un poney récalcitrant dans un van est une méthode aussi cruelle qu'inutile... C'est à nous de lui faire comprendre qu'il n'est pas en danger dans cette drôle de stalle géante qui avance toute seule ! Si on prend le temps de les éduquer, en douceur, au transport, tous les poneys finissent par s'y habituer. Ils n'y vont pas forcément de gaieté de cœur mais, grâce à leur formidable capacité d'adaptation, ils prennent leur mal en patience pendant le trajet. À condition que le conducteur soit délicat dans les virages, car certains poneys ont tendance – tout comme nous – à avoir le « mal des transports » !

Indispensables : les protections de transport

Les protections de transport ont pour but d'éviter à ton poney de se blesser pendant les trois phases cruciales du transport : l'embarquement, le trajet et le débarquement. Elles sont d'autant plus nécessaires qu'on ne peut jamais écarter totalement un risque de freinage brutal ou d'accident de la route. Comme dit le proverbe, mieux vaut prévenir que guérir !

Il y a tout d'abord les guêtres de transport, à ne pas confondre avec les guêtres de travail : beaucoup plus longues et plus enveloppantes, elles protègent la jambe du genou (pour les antérieurs) ou du jarret (pour les postérieurs) jusqu'au pied. Rembourrées de mousse, elles constituent une protection efficace des membres en cas de choc. En voyant ton poney marcher avec pour la première fois, tu auras sans doute envie de rire car cela lui donnera une drôle de démarche. Mais qu'importe, il n'aura guère de foulées à effectuer !

Tu dois aussi équiper ton poney d'un protège-queue, qui resserre les crins et évitera tout risque de frottement de sa queue sur la porte arrière. Enfin, n'oublie pas de lui mettre un protège-tête en mousse épaisse, au cas où il heurterait le plafond en levant brutalement la tête (ou, pire, en se cabrant comme le font certains poneys effrayés).

Avec cet équipement complet, ton poney aura un look un peu « Halloween »... mais au moins, il sera protégé de la tête aux pieds !

Rends-lui le voyage agréable

Surtout si le trajet à effectuer est long, essaye d'offrir de bonnes conditions de transport à ton poney ! Avant même de l'embarquer, assure-toi que le van est propre – rien n'est plus désagréable pour un poney que de voyager sur un sol déjà jonché d'urine et de crottin. N'hésite pas non plus à lui offrir quelques distractions : avant le départ, remplis toujours un filet à foin et attache-le bien en hauteur, au niveau de sa tête. Ainsi, ton poney pourra mâchouiller des fibres longues durant le voyage, et le temps passera plus vite.

Si ton poney voyage avec un ou plusieurs congénères, prends garde à le placer à côté d'un poney avec lequel il s'entend bien – sinon, c'est la bagarre assurée !

Si le véhicule de transport est un camion, il y a généralement une petite fenêtre qui te permettra de le voir, de lui parler, de le rassurer. S'il s'agit au contraire d'un van tracté par une voiture, ne mets pas la musique à fond et prête bien l'oreille aux bruits extérieurs : si tu entends ton poney taper du pied dans tous les sens, demande au conducteur de s'arrêter et va voir ce qui se passe !

Enfin, d'une façon générale, lorsque le conducteur s'arrête pour faire une pause, descends voir ton poney pour lui offrir une caresse ou un morceau de pomme. En revanche, ne fais pas l'erreur de vouloir le sortir sur une aire d'autoroute pour le laisser brouter un moment ou se « dérouiller les jambes »… C'est une source classique de fuite et d'accident !

Quizz

Dans *Le mystère de la brume argentée,* Lola doit faire face au vol de plusieurs poneys. Hélas, ce fléau n'existe pas seulement dans les livres ! Voici un petit quizz qui t'apprendra les bons réflexes à avoir en matière de vol et qui balayera au passage quelques idées reçues...

1. Lorsqu'un poney vit au pré, il est préférable de :

a) Ne jamais lui laisser de licol
b) Lui laisser un licol en permanence

2. Les poneys qui vivent dans un pré situé en bord de route :

a) Craignent plus le vol
b) Craignent moins le vol

3. La plupart des poneys volés :

a) Partent à l'abattoir, pour la viande
b) Sont revendus en France ou à l'étranger

4. L'une des meilleures protections contre le vol est :

a) Les marques artificielles (tatouage, puce électronique...)
b) Les marques naturelles (balzanes, listes...)

5. Un poney volé est retrouvé, en moyenne, dans les :

a) Trois jours
b) Trois mois
c) Trois ans

1. 6. Si ton poney a été volé, la première chose à faire est d'appeler :

a) Les gendarmes
b) Le GREV (Groupement de Recherche des Equidés Volés)

Réponses

Question 1 : Réponse a. Laisser un licol en permanence, c'est très dangereux ! D'une part, c'est faciliter la tâche d'éventuels voleurs, qui pourront agir encore plus vite. D'autre part, chaque année, des poneys meurent étranglés bêtement par leur licol qui s'est accroché à une branche ou à une clôture... Même si tu as du mal à attraper ton poney au pré, ne cède pas à cette mauvaise astuce !

Question 2 : Réponse a. Moins on voit ton poney de la route, mieux c'est ! Surtout s'il est très joli ! On pourrait croire le contraire, en se disant qu'en bord de route, les voleurs craignent plus d'être surpris ou repérés. Mais voler un poney, cela peut se faire très vite si les voleurs peuvent accéder facilement au pré et approcher leur van au maximum...

Question 3 : Réponse b. Encore une idée reçue ! Les poneys volés ne partent pas à l'abattoir, c'est trop risqué pour les voleurs à cause du règlement sanitaire qui est très strict, et ce n'est pas assez rentable financièrement. Ils sont plutôt revendus, passent de main en main et se retrouvent dans un club, un ranch, une foire... en France et, de plus en plus souvent, à l'étranger (surtout depuis la suppression des frontières en Europe).

Question 4 : Réponse a. On peut facilement fabriquer des « faux papiers » en jouant sur les marques naturelles, qui se ressemblent d'un poney à l'autre... Alors que la puce électronique – aujourd'hui le système le plus fiable et le plus recommandé – est infalsifiable. C'est aussi le moyen le plus rapide pour restituer un poney volé à son propriétaire !

Question 5 : Réponse b. À condition que le poney soit identifié par puce électronique ou tatouage ! Dans le cas contraire, les résultats sont moins rassurants : bien souvent, les poneys volés et non identifiés ne sont jamais retrouvés !

Question 6 : Réponses a et b. Le GREV est une association fondée par des bénévoles qui, depuis 1984, mènent un combat incessant contre le vol de chevaux et poneys. Grâce à eux, bien des propriétaires désespérés ont retrouvé leur compagnon ! Mais il faut également porter plainte auprès des gendarmes, qui sont aujourd'hui bien sensibilisés à ce problème et qui travaillent d'ailleurs en collaboration avec le GREV.

CET OUVRAGE
A ÉTÉ ACHEVÉ D'IMPRIMER
PAR L'IMPRIMERIE FLOCH À MAYENNE
LE 1ER OCTOBRE 2007
POUR LE COMPTE DES ÉDITIONS ZULMA
*
NUMÉRO D'IMPRIMEUR : 69306
IMPRIMÉ EN FRANCE